1983

Sebastian Balfour
Buckinghamshire College of Higher Education

Business Case Studies

Spanish

LONGMAN

In the same series:
Business Case Studies: French
Business Case Studies: German

Related titles:
Export Marketing: French
Export Marketing: German
Export Marketing: Spanish

Business Situations: German
Business Situations: French (*in preparation*)

LONGMAN GROUP LIMITED
Longman House
Burnt Mill, Harlow, Essex CM20 2JE, England

© Longman Group Limited 1982

First published 1982
ISBN 0 582 35164 2

Set in 10/12 pt Times Roman, VIP
by Herts Typesetting Services Ltd Hertford

Printed in Singapore by
Huntsmen Offset Printing Pte Ltd

Contents

Acknowledgements

I am indebted to many friends and colleagues for their help in preparing this book. In particular, I should like to thank the following: Roderick Paton of Buckinghamshire College of Higher Education, who began the series with *Business Case Studies: French*; Ignacio Viota, who devoted many hours to helping me; Sheila Burgess, for her help and constant encouragement; Tika Balfour, Tere Iruretagoyena, Paloma Padilla, Luis Vázquez, Javier Pérez González, Brian Stokes and finally to students of Spanish at Buckinghamshire College of Higher Education who tried out the cases.

We are grateful to the following for permission to reproduce copyright material:
Instituto Mexicano de Comercio Exterior for extracts from *Ley Para Promover La Inversión Mexicana Y Regular La Inversión Extranjera* by Instituto Mexicano de Comercio Exterior.

Introduction

The case study method has long been used in Business and Management Studies. Only recently has there been an interest in applying it to foreign language teaching. The reason is not hard to find: language teachers usually lack the technical knowledge of business. The result is that students on courses combining Business Studies and Languages often learn only the rudiments of foreign business language, though they may know a great deal about the political and economic background of a particular country. They enter the world of international business often without any specific training in the language and practice of business abroad.

Language case studies can help to close that gap in knowledge. Although they cannot be a substitute for more formal courses, they offer greater potential for *using* the language. Ideally, they present life-like situations of the kind students may encounter in their future careers. They provide the teacher with a framework in which many aspects of language learning can be exploited. Their main purpose is to develop the student's ability to communicate in a business context, whether it be marketing a product abroad or working in a foreign firm. They can also help to broaden the student's understanding of business in a particular country. Finally they give the student the opportunity to put the theory of business into practice, as far as this is possible in a classroom. This book attempts to do all three things. The case studies are exploited through different language methods, the emphasis being on oral practice. They are meant to cover a broad range of business situations located, more or less typically, in Spain and Latin America.

Business Case Studies: Spanish is intended for students on all post O' level courses in Spanish which are linked to Business Studies – Bilingual Secretarial Courses, BEC Courses, Export Marketing, Degree Courses in Business Studies or Management, etc. The levels covered range from O' to graduate level.

The case studies are graded progressively. Post O' students should begin at Caso 1. Post A' students could usefully begin on Caso 4 (though the teacher may wish to leave out the comprehension and grammar exercises at first). Because post O' students are not yet ready for the more technical register of business language, the early cases (in particular Casos 2 and 3) can only loosely be defined as business cases. However, in them, students are introduced to the basic business vocabulary which will be expanded in later cases. At the same time, any one of the cases can be used for comprehension, role-playing and written exercises. Just as more advanced students can benefit from a selective study of earlier cases, less advanced students can learn from the later cases. The last two cases, in particular, should not deter students unfamiliar with such problems as cash flow from studying the situations they present.

The same flexibility should be exercised in teaching the case studies in the classroom. The teacher may want to develop a case study beyond what is presented in the book. Caso 20, for example, could be extended to a study of international export marketing in Latin America.

Each case study includes:

1 a text of varying length outlining the case.

2 **¿De qué se trata?** a comprehension exercise designed to test and draw out the student's understanding of the situation.

3 **¿Cómo se dice?** language exercises to develop grammatical, lexical or structural items in the text.

4 **¿Qué opina Vd.?** a discussion exercise in which students are encouraged to discuss the problems contained in the case and suggest solutions. In part two, suggested answers to each discussion exercise are included for guidance (though, of course, there are no right answers).

5 **Y ahora . . . a Vd**. role-playing exercises in which students are asked to enact situations based on the case study. Great care should be taken to help the students participate as actively as possible. Suggested dialogues written in telegraphic style are given but these should never be read out. At all times, the student should be encouraged to improvise, though preparation will, of course, be needed. The outcome of many dialogues is left open and will depend on the direction the discussion takes. If used imaginatively, these exercises can be very rewarding. The situations vary from simple information-seeking to conflict, discussion, interviewing, canvassing, speech-making and interpreting.

6 **Escriba Vd**. written exercises in which the student is asked to exploit or develop the case study material by writing a letter, filling in a form, drawing up a report, writing a short article, etc.

7 In the **Anexos**, realia connected with the case study is included and integrated with other exercises. This is intended to develop and authenticate the cases.

8 At the end of each case, a vocabulary lists the more technical words.

Part 1   Los casos

Caso 1

Montemar

Un viaje de negocios

Es usted director de marketing de la empresa Montemar, pequeña compañía conservera de tomates y frutas. La oficina central de la empresa está situada en Almería, Andalucía.

Hoy es viernes por la tarde. Está usted solo en la oficina ya que los otros empleados han regresado a casa, y no volverán hasta el lunes.

El director de Montemar, Don Angel Villalba, está de vacaciones. Vuelve el lunes a las nueve de la mañana para recoger unos papeles. Tiene que estar en Bilbao el martes por la mañana para una reunión con unos posibles futuros clientes. De esta reunión pueden resultar pedidos de suma importancia para la compañía. En Bilbao estará acompañado por la representante de la empresa en el país vasco, Luisa Barrena, una señorita joven que trabaja en la compañía desde hace seis meses.

El itinerario de Villalba está preparado y los billetes están en la oficina. Este tiene que coger el avión para Madrid que sale a las 09.55 del aeropuerto de Almería. En Madrid tiene que tomar otro avión para Bilbao que llega a las 16.35. En Bilbao tiene reservada una habitación en el hotel Vizcaya que se encuentra cerca del aeropuerto. La reunión tiene lugar en el mismo hotel a las 8.30 del martes.

Acaban de anunciar en la radio una noticia de última hora. Los controladores de tráfico aéreo han comenzado una huelga de celo, y es probable que la mayoría de los vuelos se cancelen hasta el lunes o aun más.

Es imposible ponerse en contacto ni con Villalba ni con Luisa Barrena hasta el lunes.

Ya son las seis de la tarde.

¿De qué se trata?

1 ¿Por qué es importante que Villalba esté en la reunión en Bilbao?
2 ¿Por qué no se puede poner en contacto con él hasta el lunes?
3 ¿Qué es lo que tiene Villalba que recoger en la oficina?
4 ¿Por qué es improbable que pueda ir a Bilbao en avión?
5 ¿Por qué es Vd. quien tiene que solucionar el problema?

Anexo

MADRID → MEDINA → BILBAO

Identificación del tren		Electrotren 65/175	Costa Vasca 7/107
Prestaciones	Plazas asiento	1-2	
	Cama o litera	⅄	🛏
	Restauración		
	Particularidades	🅱	🅱
MADRID-Chamartín .... S.		8.—	23.35
El Escorial			
AVILA		9.33	1.27
Medina del Campo	Ll.	10.19	2.26
	S.	10.20	2.39
VALLADOLID	Ll.	10.43	3.10
	S.	10.46	3.13
Venta de Baños		11.15	3.53
BURGOS	Ll.	11.58	4.52
	S.	12.—	5.02
Briviesca			
Miranda de Ebro	Ll.	12.55	6.08
	S.	13.10	6.44
Izarra			7.15
Orduña			7.45
Llodio			8.05
BILBAO	Ll.	14.38	8.31

🅱 Suplemento Electrotren.

ALMERIA → MADRID

Identificación del tren		TER 883 463	Exp. 821 411
Prestaciones	Plazas asiento	1-2	1-2
	Cama o litera		🛏 🛏
	Restauración	✗	
	Particularidades	🅲	
ALMERIA .... S.		13.55	20.10
Huércal-Viator........................			20.20
Gádor................................			20.34
Santafé-Alhama			20.44
Gérgal			21.25
Doña María de Ocaña.................			21.49
Fiñana			22.17
Guadix		15.42	23.03
Benalúa de Guadix		15.48	23.11
Moreda..............................	Ll.	16.10	23.42
	S.	16.20	0.10
Pedro Martínez			0.29
Los Propios y Cazorla.................		17.33	1.30
Jódar................................		17.43	1.40
Begíjar			
Linares-Baeza		18.34	2.47
Vadollano			
Vilches..............................		18.51	3.14
Almuradiel-Viso del Marqués..........			4.02
Santa Cruz de Mudela		19.37	4.18
Valdepeñas		19.46	4.32
Manzanares..........................		20.03	4.55
Alcázar de San Juan..................		20.33	5.40
Villacañas			6.04
Aranjuez			7.04
MADRID-Atocha.......................	Ll.	22.15	7.55

🅲 Suplemento TER.

¿Cómo se dice?

1 En las siguientes frases, rellene los espacios en blanco con alguna de estas expresiones: *aunque, a menos que, con tal que, para que, antes de que, sin que, en caso de que.*
–La reunión tendrá lugar . . . Villalba llegue a tiempo.
–Villalba insiste en ir a Bilbao . . . el viaje sea muy largo.
–. . . el tren llegue tarde, Villalba asistirá a la reunión.
–. . . llegue tarde el tren, Villalba telefoneará de la estación.
–Usted telefoneó a Luisa Barrena . . . conociese el problema.
–. . . lo sepa Villalba, usted sigue adelante con el nuevo itinerario.
–Quiere reservar los billetes . . . llegue Villalba el lunes.

2 Complete las siguientes oraciones, utilizando las ideas del texto:
–Cuando se anuncia la noticia es demasiado tarde para que usted . . .
–Villalba espera que en la reunión . . .
–Si Villalba no va a la reunión, es posible que . . .
–Es improbable que el director de marketing . . .
–Usted no puede telefonear a Luisa hasta el lunes porque . . .

¿Qué opina Vd.?

1 ¿Esperaría Vd. hasta el lunes, a ver lo que dice Villalba y ver la marcha de la huelga?
2 ¿Sería mejor dejar el asunto en manos de Luisa Barrena?
3 ¿Podría Villalba ir en tren a Bilbao y llegar a tiempo para la reunión? ¿Qué trenes tendría que coger y a qué hora llegaría a Bilbao? (véase anexo).
4 ¿Sería aconsejable aplazar la reunión? ¿Hasta cuándo?
5 Si Vd. se decide por el tren ¿qué medidas tiene que tomar para planear el viaje de nuevo?
6 ¿Tiene Villalba otro modo para llegar a Bilbao?

Y ahora . . . a Vd.

1 A base del horario de trenes de la Renfe (véase anexo) haga la reserva por teléfono de los trenes de Almería a Bilbao. Descubrirá que no quedan billetes de primera.

Director de marketing	*Dependiente*
¿Renfe?	¿En qué servirle?
¿Información tren Almería – Bilbao?	Cambiar Madrid
Horario	¿Cuándo?
Lunes	¿TER o Expreso?
Depende horario	TER . . . horas – Expreso . . . horas
Entonces TER	Pagar suplemento
No importa – ¿cuándo llegada	
Madrid?	. . . horas – cambiar estación
	Atocha-Chamartín

¿Para Bilbao?	Salida . . . horas – llegada . . . horas
Reservar plaza	¿Clase?
Primera	No quedan lunes – sólo 2ª
¿Coche-cama?	No – litera 2ª clase – abonar billete complementario
Reservar por favor	¿Cuándo recoger billete?
Mañana mismo	

2 Telefonee al hotel Vizcaya para cancelar la habitación reservada y trate de reservar la misma para martes.

Director de marketing	*Dependiente*
¿Hotel Vizcaya?	¿Servirle?
Reserva lunes Villalba – cancelar – ¿otra martes?	Lamentamos – todo reservado
¡Imposible!	Congreso Bilbao esta semana – hoteles llenos
Villalba importante reunión Bilbao martes – ¿qué hacer?	Tenemos suite nupcial
¡Caramba! ¿Cuánto?	3.500 ptas.
Reservar por favor	¿Cuántas noches?
Martes sólo	¿Pensión completa?
Por favor . . .	

3 Hoy es lunes. Hable por teléfono a Luisa Barrena, explicándole que Villalba no puede llegar a la reunión hasta las 9.30 del martes.

Director de marketing	*Luisa Barrena*
¿Srta. Barrena?	Al aparato
Director de marketing Montemar – ¿cómo Vd.?	Bien – ¿qué noticias?
Como sabe – huelga – Sr. Villalba – Bilbao tren 8.31 martes	Reunión 8.30 – ¿cuánto tiempo hotel?
Calculo una hora – taxi – hora punta – llegar – prepararse – 9.30	Demasiado tiempo
Aplazar – telefonear clientes	Difícil – tarde
Si no posible – entretener hasta llegada Sr. Villalba	Importantes clientes – mala impresión
Explicarles situación – tomar copa	Intentaré lo mejor

Escriba Vd.

El programa de trabajo de Villalba con su nuevo itinerario y horario de trabajo. (Los clientes en Bilbao son el Sr. Zarauztarra, de la compañía Barón S.A., el Sr. Corella, de la empresa Corella e Hijos y el Sr. Galdeano, de Pazos y Hnos.

La comida está fijada en el mismo hotel para las dos y Villalba cogerá el tren de las 8.20 horas del miércoles para Madrid.)

Vocabulario

pedido (*m*)	*order (comm.)*
itinerario (*m*)	*itinerary*
controlador (*m*) de tráfico aéreo	*air traffic controller*
huelga (*f*) de celo	*go-slow*
aplazar	*postpone*
coche-cama (*m*)	*sleeping-car*
litera (*f*)	*berth*
abonar	*pay*
complementario	*extra*
suite nupcial (*m*)	*honeymoon suite*
prestaciones (*f*)	*services*
restauración (*f*)	*dining-car service (rare)*

Caso 2

Soria

Un caso de pluriempleo

Alejandro Soria tiene 56 años. Vive con su familia en un piso de un bloque situado en Carabanchel, en el sur de Madrid. Los Soria tienen cinco hijos de seis a quince años. El piso en que viven consta de dos habitaciones, un salón-comedor, una cocina, y un baño. Viven en el décimocuarto piso. No tienen coche.

Alejandro tiene dos empleos. Desde las siete hasta las dos, de lunes a sábado, trabaja como almacenista en una fábrica de productos de papel. Tiene que cargar y descargar largos y pesados rollos de papel y controlar las existencias del almacén.

Por la tarde de seis a diez aproximadamente trabaja como cobrador de letras de cambio de una tienda de electrodomésticos. Tiene que visitar a los clientes de la tienda para cobrar las letras cuando vencen. Recibe un 1% de comisión. Los clientes viven en todas partes de Madrid, incluso en las afueras.

En el primer trabajo de Alejandro, el salario es fijo. En el segundo puede variar mucho según el número de clientes de la tienda y según el deseo de éstos de pagar las letras puntualmente. Normalmente no rebasa con mucho 4.500 pesetas.

Su mujer, Luisa, también tiene un trabajo fuera de casa. Cuando ha acompañado a sus dos hijos menores a la escuela, trabaja tres o cuatro horas por semana como asistenta de hogar.

Javier, el hijo mayor de los Soria, puede dejar la escuela ya que tiene 15 años. El joven preferiría quedarse en el colegio para continuar sus estudios. Un tío suyo, hermano de Luisa, le ha instado que se presente donde trabaja para buscar un puesto allí como auxiliar administrativo. Dice de poder ayudarle pero la remuneración en este puesto no es muy alta aunque asciende después de un año.

El total de los ingresos semanales de los Soria apenas cubre sus gastos semanales y no pueden ahorrar casi nada.

El viernes, cuando finaliza la jornada normal de su trabajo de la tarde Alejandro está visiblemente agotado, circunstancia que es apreciada por Luisa. Por la primera vez plantean la posibilidad de que Alejandro deje uno de sus trabajos.

¿De qué se trata?

1 ¿Qué es el pluriempleo?
2 ¿Qué tipo de sueldo recibe Alejandro en el segundo trabajo?
3 ¿Por qué varía este sueldo?
4 ¿Por qué está cansado Alejandro?
5 ¿Cuál es la situación financiera de los Soria?

¿Cómo se dice?

1 Empléese una forma correcta de los verbos *ser* o *estar* en las siguientes
   frases:
   –La entrevista de Javier . . . el próximo lunes.
   –Los resultados de su examen . . . esperados con mucha ansiedad.
   –Alejandro . . . ausente de su trabajo la semana pasada.
   –Los Soria . . . necesitados de dinero.
   –. . . dudoso que Alejandro pueda continuar como pluriempleado.
   –Hace un año, él . . . a dos pasos de la muerte.
   –La reunión de los directores el otro día . . . muy animada.
   –Ya que está enfermo, Alejandro . . . atendido por el médico.

2 Nótese esta expresión: No rebasa *con* mucho unas 4.500 pesetas. En las
   siguientes frases rellene los espacios en blanco con las preposiciones
   apropiadas:
   –El precio es de 1.000 pesetas . . . semana.
   –A Alejandro no le gustaría trabajar . . . noche.
   –El almacén olía . . . goma quemada.
   –Javier es muy aficionado . . . el fútbol.
   –El almacén no es apropiado . . . el trabajo.
   –Tiene ventanas . . . dos de los lados.

¿Qué opina Vd.?

1 ¿Cuáles son los inconvenientes del segundo trabajo de Alejandro?
2 ¿Cuáles son las desventajas del pluriempleo?
3 Si Alejandro decide dejar uno de los trabajos, ¿cuál debería abandonar?
   y ¿por qué?
4 ¿Cuál sería el resultado de esta decisión?
5 ¿Debería Javier trabajar para ayudar a la familia o continuar sus estudios?

Y ahora . . . a Vd.

1 Es Vd. vendedor de televisores. Acaba de vender una televisión en color a
   un cliente por una cantidad de 75.000 pesetas. Como este cliente no puede
   pagar al contado, se decidió una venta a plazos con un pago inicial del 25%.
   El resto del precio se pagará mensualmente en un plazo de 15 meses a través
   de letras de cambio, con un interés de un 15%. El cliente no es muy experto

en estas formas de pago y quiere saber las cantidades exactas que debe pagar y como deberá hacerlo. Realícese el diálogo entre los dos.

2 Alejandro hace una visita a un cliente de la tienda que no ha pagado una letra de cambio por un lavavajillas. El cliente vive al otro lado de Madrid.

Alejandro	*Cliente*
¿Sr.(a) Macizo?	Buenas tardes – ¿cobrar letra?
Ultima vez no pagó	Problemas otra vez. Próxima semana pagaré. Prometo
Vd. prometió semana pasada. No irme sin pagar	Puede quedarse noche en calle – yo no dinero ahora
Se burla. Yo largo viaje . . .	Siento – pagaré sin falta lunes
Demasiado tarde. Tienda llevarle juicio si no paga	¡Puro cuento!
En serio – proceso – quitarle lavavajillas	¡Qué lo lleven! No importa – funciona mal
Clientes siempre sin consideración. Yo harto este trabajo	

Escriba Vd.

1 Una carta de la tienda al cliente del último ejercicio avisándole de que en caso no reciban el pago de la letra, le llevarán a juicio.
2 Rellene la letra de cambio en el anexo a base del ejercicio 1 de Y ahora . . . a Vd.

Vocabulario

pluriempleo (*m*)	*moonlighting*
almacén (*m*)	*warehouse*
existencias (*f*)	*stocks*
cobrador (*m*)	*collector*
letra (*f*) de cambio	*bill of exchange*
electrodomésticos (*m*)	*domestic electrical appliances*
vencer	*to fall due (comm.)*
auxiliar (*m*) administrativo	*clerical assistant*
lavavajillas (*m*)	*dishwasher*

Anexo

NUMERO | LOCALIDAD DE EXPEDICION | IMPORTE

FECHA DE EXPEDICION | VENCIMIENTO

CLASE 14.ª
5 PESETAS
HASTA 500,00 PTA

0 A 3886138

Al vencimiento que se expresa pagará usted por esta

en el domicilio
letra de cambio, (Utilizable sólo en caso de giro de duplicados)
a la orden de

la cantidad de *valor*

NOMBRE Y DOMICILIO DEL LIBRADO

(FIRMA, NOMBRE Y DOMICILIO DEL LIBRADOR)

NO UTILIZAR EL ESPACIO INFERIOR, RESERVADO PARA INSCRIPCION CODIFICADA

Acepto
A de de 19

Caso 3

Jay

Un caso de post-venta

Rubén Macondo mira su programa de trabajo. Son las 18.30 horas y le falta por realizar sólo la última de sus visitas.

lunes 18 octubre

Sr. Bros, Lomas de Chapultepec 18 - tubo desgastado
Sra. del Valle, Quevedo 6, 2º piso - tambor bloqueado
Srta. Díaz-Plaja, Mozart 41   - no funciona, causa desconocida
Sra. de Pérez, Juárez 32, 8º piso - motor no funciona
Sres. Pacheco, Lázaro Cárdenas 243 - estropeada, causa desconocida

Rubén arranca el motor de su camioneta. Lázaro Cárdenas queda lejos, allá por las afueras de México D.F. Mejor hacer la visita hoy que aplazarla hasta mañana ...

Rubén forma parte del equipo de asistencia técnica de la firma Jay S.A. que fabrica lavadoras superautomáticas. Estas se venden en la mayoría de los detallistas, los cuales, sin embargo, no prestan ningún servicio post-venta, ni organizan ninguna demostración de las lavadoras. No existe vinculación de los detallistas a una determinada marca. Sólo los fabricantes, entre ellos Jay S.A., disponen de equipos de asistencia post-venta que operan en los grandes núcleos de de población.

La noche está cayendo. Por fin, Rubén encuentra la calle Lázaro Cárdenas, que no está pavimentada. Al final, da con la casa. Es una casa de un solo piso. Parece deshabitada. Por una ventana, sin embargo, Macondo nota una luz. Llama a la puerta y la abre un viejo que le hace pasar a la cocina. En el fondo, blanca y reluciente, se encuentra una lavadora superautomática Jay, que 'lava, enjuaga y seca todo tipo de ropa hasta la lana delicada'.

El Sr. Pacheco explica que compró la lavadora en la tienda Santos en el centro de la ciudad. La tienda se la entregó hace una semana. Los Sres. Pacheco, no encontrando ningún folleto que explicara como utilizar la lavadora, la enchufaron, pusieron la ropa dentro, añadieron el detergente y la pusieron en marcha. No pasó nada al principio pero después de unos minutos, la lavadora empezó a hacer un ruido espantoso y de repente hubo una pequeña explosión. Desde aquel momento no ha vuelto a funcionar.

Rubén abre su caja de herramientas y empieza a inspeccionar la lavadora. Una cosa le sorprende.

'¿Dónde está la conexión del agua?', pregunta a Pacheco.

'¿Agua?' contesta éste, 'Nadie me dijo que tenía que poner el agua.'

¿De qué se trata?

1 ¿Qué es Rubén Macondo?
2 ¿Qué es lo que tiene que hacer en su trabajo?
3 ¿Cuál es la relación entre Jay y los detallistas?
4 ¿Quién ha instalado la lavadora de los Pacheco?
5 ¿Por qué los Pacheco no sabían como instalarla?
6 ¿Qué le pasó a la lavadora y por qué?

¿Cómo se dice?

1 Escriba el penúltimo párrafo otra vez en el tiempo pasado, empezando: El Sr. Pacheco explicó que . . .
2 . . . *por* las afueras. Rellene las siguientes oraciones utilizando las preposiciones *por* o *para* según el caso.
  –El barrio quedaba . . . el norte de la ciudad.
  –Rubén atendió a los clientes . . . orden, uno . . . uno.
  –Es una lavadora también . . . lana delicada.
  –A los Pacheco no le dieron una nueva lavadora . . . la vieja.
  –Los Pacheco no tenían bastante experiencia . . . saber cómo utilizar las lavadoras.
  –. . . las 18.30 horas, a Rubén le faltaba sólo una visita.
  –. . . llegar a la casa de los Pacheco, Rubén tenía que ir . . . muchos barrios.
  –. . . mucho que lo quisiera, Rubén no podía interceder con su compañía . . . los Pacheco.

¿Qué opina Vd.?

1 ¿Pueden los Pacheco hacer una reclamación bajo las condiciones de la garantía de Jay? (véase anexo 1)
2 Si no, ¿deben pagar todo el coste de la reparación?
3 ¿Cómo podría Jay evitar el problema de la informalidad de los detallistas?
4 ¿Cómo podría Jay mejorar su vínculo con los detallistas para que este tipo de problema no se repitiera?
5 Aparte del servicio post-venta, ¿debería tener Jay otro vínculo directo con el usuario?

Anexo 1

Lavadoras superautomáticas JAY

Condiciones de garantía

1.
Sin perjuicio de eventuales reclamaciones a terceros, este garantía entrará en vigor si la lavadora fallase debido a un defecto de fabricación o del material, no obstante haber sido tratada debidamente y haberse observado las instrucciones de montaje de Jay, instrucciones de servicio y las normas VDE referentes a la conexión.

2.
La duración de la garantía es de 12 meses y empieza en el momento de la entrega, el cual habrá que justificarlo por la factura o documentos parecidos.

3.
Para perjuicios que se hayan originado por influencias químicas y electroquímicas del agua, así como para perjuicios en partes de cristal o sueltas de plástico, no responde la garantía.

4.
Defectos originados por el transporte no entran en la garantía. Esto deben reclamarse inmediatamente, lo más tardar dentro de 8 días, al transportista.

5.
En un caso de garantía, y si Jay no repara el defecto en el mismo sitio de colocación del aparato, éstos tienen que entregarse al Servicio Técnico Jay correspondiente.

6.
Jay S.A. no entra en más compromisos, sea cual sea el motivo.

Y ahora . . . a Vd.

1 Antes de la visita de Rubén, el Sr. Pacheco telefoneó a la tienda donde había comprado la lavadora para quejarse de que no funcionaba.

Pacheco	*Telefonista*
Oiga. ¿Santos?	¿Qué desea?
Compré lavadora . . .	¿Qué departamento quiere?
No sé. Vds. me vendieron lavadora –	
no funciona	Quiere departamento reclamaciones – momento . . .

La telefonista le pone en comunicación con el dependiente.

Pacheco	*Dependiente*
	Dígame
Buenos días. Compré lavadora de Vds. hace 2 días – no funciona.	
	¿Qué tipo?
Lavadora superautomática Jay	
	¿Qué tiene?
No sé. Ropa – encender – explosión	
	Dirigirse fabricantes
Vds. la vendieron – Vds. culpa – lavadora defectuoso – ninguna explicación utilización	
	¿Instalación incorrecta?
No soy plomero – ¿cómo yo saber instalar?	
	No podemos hacer nada – ¿garantía?
Un año	
	Escribir Jay explicando
No satisfecho – servicio malo – yo escribir director – quejar	

2 Rubén explica brevemente al Sr. Pacheco como debió de instalar la lavadora. Básese su explicación en las instrucciones del anexo 2. Pacheco hace las siguientes preguntas:
   –¿Cómo se conecta el agua?
   –¿Cuánta ropa puede introducirse?
   –¿Dónde se pone el detergente?
   –¿Cuál es el mando selector de programas? etc.

Escriba Vd.

La reclamación del Sr. Pacheco a la empresa Jay.

Anexo 2

Manejo

Mandos y lámpara de señal

Mando selector
de programa

Mando selector
de temperatura

Conectar la máquina al enchufe, o en instalaciones fijas, accionar el interruptor.
Colocar la manguera de salida en un desagüe.
Abrir el grifo del agua
Abrir las puertas
Introducir la ropa seca
El tambor estará bien lleno si Vd. puede mover fácilmente la mano entre éste y la ropa. La cantidad máxima de ropa que se puede introducir, es de 6 kg de ropa seca. (Tratándose de ropa muy sucia es conveniente, introducir menos cantidad). En los programas sin centrifugado 2 kg aprox. y en los programas para ropa fina de 1 a 1,5 kg aprox.
Cerrar primero la puerta interior y a continuación la exterior.
Tenga cuidado de cerrar bien ambas puertas. Si durante el funcionamiento, se abre la puerta exterior, el programa queda interrumpido inmediatamente No es posible abrir las puertas durante los centrifugados.
Sacar hacia adelante la cubeta para el detergente.
Introducir el detergente.
Para el prelavado en el compartimiento A (centro)
Para el lavado en el compartimiento B (anterior)

(Ablandado o almidonado) en el compartimiento C (posterior)
En el compartimiento C no deben introducirse medios en forma de polvo. La dosificación del detergente en los programas normales (nivel normal de agua) debe ser para 20–25 l y en los programas para ropa fina (nivel alto de agua) para 30 l aprox.
Introducir la cubeta.
Tenga cuidado de introducir del todo la cubeta, ya que en caso

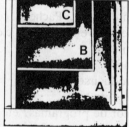

contrario no entra agua al aparato.

Girar el mando selector de programa – según programa – en el sentido de las manillas del reloj a la posición correspondiente. (Sólo estando presionado)
Seleccionar la temperatura.
Presione en caso necesario la tecla I o II respectivamente.

Tecla I = Fuerza intensiva de lavado o bio (para ropa muy) sucia y manchada)
Posición de programa 1 o 2.
Posición del selector de temperatura en 60–95° C – según el programa.

Tecla II := sin centrifugado.
Posición del mando de programa según el programa elegido:
1–2–3–8.

Sacar la maneta del mando selector de programa.

El aparato se pone en funcionamiento. La lámpara de señal se enciende. El mando selector de programa está girando. Durante el calentamiento se queda detenido hasta que se haya alcanzado la temperatura elegida.

Al terminar el programa, la lavadora se desconecta automáticamente. Presionar el mando selector. – La lámpara de señal se apaga.

Hay lavadoras en que
un olvido
no tiene remedio.

Hay lavadoras
en las que hasta los olvidos
están previstos.

Vocabulario

desgastado	*worn*
equipo (*m*) de asistencia (*f*)	*maintenance team*
detallista (*m*)	*retail shop*
vinculación (*f*)	*link*
marca (*f*)	*make*
quejar	*to complain*
enjuagar	*to rinse*
enchufar	*to plug in*
caja (*f*) de herramientas (*f*)	*tool box*
reclamación (*f*)	*claim, complaint*
montaje (*m*)	*installation*
usuario (*m*)	*user*
puesta (*f*) en marcha (*f*)	*starting*
asesoría (*f*)	*advice*
informe (*m*)	*report*
sin perjuicio (*m*) de	*without prejudice to*
manguera (*f*)	*tube*
desagüe (*m*)	*drain*
cubeta (*f*)	*tray*
mando (*m*) selector	*control knob*

Caso 4

Serco

Un caso de control automático del trabajo

Arturo Ynestrillas es director de Serco, compañía barcelonesa que fabrica piezas de repuestos de automóvil. Un día estaba inspeccionando los talleres de la fábrica cuando notó un número exagerado de gente que estaban paseando fuera de su puesto de trabajo. Hizo una investigación que dio como resultado el que:

1 a los operarios les sobraba tiempo
2 había muchas averías en las instalaciones
3 el consumo de herramientas era exagerado
4 el número de rechazos de piezas mal hechas estaba aumentando.

Serco tiene un sistema de control tradicional sobre el trabajo de los operarios y las máquinas. A un operario se la asigna el número de piezas que debe hacer por semana, la calidad y la forma de hacerlo. Tiene la libertad de movimiento durante su jornada. Puede variar el sistema de trabajo con facilidad – un día puede hacer más piezas y otro día menos. Incluso puede cambiar el sistema y hacer las mismas piezas en mucho menos tiempo sin decir nada a la dirección.

Para corregir el abuso de este sistema, Ynestrillas quiere introducir un nuevo sistema de control automático mediante la instalación de una caja registradora en cada máquina. Estos controladores registran en el tiempo la potencia que desarrollan los motores de cada máquina. Se analiza los resultados de este control y así se puede comprobar el trabajo del operario – el número de piezas que realiza, cómo lo hace, si utiliza bien la herramienta, si viene conservando bien su maquinaria y su permanencia en su puesto de trabajo.

Se propuso esta decisión a los trabajadores. La contestación fue negativa. La empresa ha forzado la situación ante los organismos oficiales y los trabajadores han notificado su decisión a sus sindicatos. Por lo tanto, se ha originado un conflicto colectivo.

¿De qué se trata?

1 ¿Por qué no estaban muchos operarios en su puesto de trabajo?
2 ¿Por qué a los operarios les sobraba tiempo?
3 ¿Qué tipo de control tienen sobre el ritmo de su trabajo?
4 ¿Qué tipo de control sobre el trabajo piensa introducir el director de Serco?
5 ¿Por qué se ha originado un conflicto colectivo?

¿Cómo se dice?

1 Utilizando las expresiones *tanto . . . como, tan . . . como, tan . . . que, tanto . . . que,* una las siguientes frases:
 –Había muchos operarios desocupados en el taller. Por lo tanto, el director quiso hacer una investigación.
 –Uno de los operarios es muy capaz. Le han subido de categoría.
 –El viejo sistema no es muy eficaz. El nuevo en cambio lo es.
 –Los operarios tienen mucha libertad. El resultado según el director es que abusan del sistema.
 –Bajo el viejo sistema se produjeron menos piezas. Con el nuevo en cambio se producirán mucho más.
2 Ponga el tercer párrafo en tiempo condicional a partir de:
 Estos controladores . . .

¿Qué opina Vd.?

1 ¿Por qué, bajo el sistema vigente, han aumentado las averías, el consumo de herramientas y el número de piezas mal hechas?
2 ¿Cuál es la ventaja para los trabajadores de este sistema? ¿Por qué no quieren cambiarlo por el nuevo?
3 Uno de los operarios es muy experimentado. Suele hacer su trabajo con un procedimiento propio y utiliza menos tiempo, fuerza menos la máquina y el número de piezas que saca es el indicado por la empresa. ¿Hay que insistir que se conforme con el nuevo sistema?
4 La empresa tiene otros operarios que pueden, por conocimiento de su máquina y sin forzarla, mejorar el número de piezas manteniendo la calidad. ¿Debe la fábrica imponer la caja registradora en este caso?
5 Hay un tercer grupo menos numeroso que fuerzan su máquina y sus herramientas para obtener las mismas piezas o incluso un mayor número de piezas que las asignadas para cobrar una prima superior de producción. ¿Qué debería hacer la empresa con este grupo?
6 ¿Habrá otro sistema para solucionar el problema de la empresa sin utilizar la caja de control?

Y ahora . . . a Vd.

1 Es jueves y estamos en la sección de piezas de carburadores de Serco. El maestro ve a un operario fumando y charlando con un compañero durante el

trabajo. La máquina de este operario se ha averiado ya una vez hoy. Además el maestro no está satisfecho de su trabajo.

Maestro	*Operario*
¿No tiene trabajo?	Máquina averiada
Enseñarme cómo lleva trabajo	Muy avanzado – casi terminado
¿Cómo posible terminado trabajo de semana? – hoy jueves	
¿Por qué no aumenta actividad?	Trabajo muy rápido
Pero su máquina se averió hoy	Me fatigo trabajando continuamente
Si no es buena ¿cómo casi terminado trabajo?	Máquina no muy buena
Puede ser buena – calidad de trabajo mucho que desear. Yo dar parte a dirección – no ha justificado falta de trabajo, ni avería	Mi habilidad

2 Se han reunido los trabajadores para discutir la propuesta del director. Su representante habla con Ynestrillas y le comunica que la han rechazado.

Director	*Representante*
	Ya consultado con gente. Opiniones diversas. Mayoría se opone al nuevo sistema
Solución tiene que haber. La empresa no resistir perdiendo rentabilidad – llegará día no podamos pagar sueldos. ¿Vds. alguna propuesta?	
	Nosotros dispuestos admitir mayor número piezas si Vd. aumenta prima de productividad
Dispuesto – pero no soluciona problema calidad y conservación máquinas. Aumento prima debe estar condicionado aumento calidad, disminución averías. Por eso caja control.	
	Rechazamos. Quita libertad trabajo – nos trata como máquinas
Yo comprobado Vd. cada vez más libertad menor calidad – instalaciones deteriorando	
	Vd. habrá visto personas que se toman libertades, estropean piezas – minoría – ¿Por qué quitar libertad todos?
Imposible poner a unos caja a otros no. Si no sugerir otra solución, yo llevar plan organismos oficiales para que decidan	

Escriba Vd.

Un folleto escrito por el representante en nombre de los trabajadores rechazando el plan del director.

Vocabulario

piezas (*f*) de repuestos (*m*)	*spare parts*
taller (*m*)	*workshop*
operario (*m*)	*skilled worker*
avería (*f*)	*breakdown*
instalación (*f*)	*machine*
caja (*f*) registradora	*recording box*
potencia (*f*)	*power*
conflicto (*m*) colectivo	*labour dispute*
prima (*f*)	*bonus*
maestro (*m*)	*foreman*
rentabilidad (*f*)	*profitability*

Caso 5

Klein

Un caso de horario flexible

Desde la ventana de su oficina, Wolfgang Geyer observó a María Montero que se dirigía corriendo hacia la puerta principal del edificio. Miró su reloj. Eran las nueve y cuarto. Era la segunda vez en tres días que María llegaba tarde. Recientemente, había notado una disminución de puntualidad entre los trabajadores. Geyer ya había entrevistado a los que eran más culpables de no llegar a su hora. Estos se habían justificado señalando el empeoramiento en el transporte público y en los embotellamientos de tráfico.

Geyer se decidió. Era tiempo introducir un nuevo sistema para conseguir la puntualidad de los empleados.

Geyer es director de la empresa Klein en Sudamérica. La compañía forma parte de la multinacional alemana Hartmann, Industria Farmacéutica extendida por todo el mundo. Klein S.A. comercializa y distribuye aparatos médicos en todos los paises de Sudamérica. Su dirección central se encuentra en Lima, Perú. Allí trabajan 14 personas más un equipo de ventas de cinco otras. El horario de trabajo es de las 9.00 a las 18.00 horas.

Hasta ahora, Geyer no ha estimado necesario ningún sistema de control de la puntualidad. Ahora quiere introducir un reloj de control y un sistema de primas y multas. Su nuevo sistema es el siguiente: los empleados que fichan a las 9.00 o antes reciben 100 soles diarios de prima; los que llegan entre las 9.00 y las 9.10 pierden el plus. Quien ficha entre las 9.10 y las 9.30 pierde 100 soles diarios. Después de las 9.30, cada minuto está penalizado a razón del 10% del haber diario. Si durante el mes se supera cierta cifra, se recibe una advertencia por escrito. Una repetición ulterior de falta de puntualidad merece una notificación; después se procede al despido.

Los empleados con quienes Geyer ha hablado de este plan, se oponen a él. En la oficina corre una contrapropuesta – la de introducir un sistema de horario flexible con un reloj de control. Se sabe, sin embargo, que Geyer no es partidario de este sistema. Según él, 'no significa flexibilidad sino flojedad'.

¿De qué se trata?

1 ¿Qué problema se ha planteado en Klein?
2 ¿Por qué llegan tarde algunos trabajadores?
3 Pepe Montero es almacenista en Klein. Gana 3.000 soles al día. Hoy llegó a las 9.32. Bajo el sistema de Geyer ¿cuánto dinero perdería?
4 ¿Cuándo se despediría a un trabajador por falta de puntualidad bajo este sistema?
5 ¿Por qué Geyer está en contra del horario flexible?

¿Cómo se dice?

1 *Ejemplo*: Se dirigía corriendo hacia la puerta.
   Utilice la misma estructura – verbo más gerundio – en las siguientes expresiones, empleando los verbos *ir, venir, seguir, andar, pasar*.
   –Durante toda la tarde, Geyer no hizo más que entrevistar a los empleados.
   –La empresa atravesaba una época difícil.
   –Leía el informe mientras subía la escalera.
   –El problema todavía existe.
   –Geyer busca a su secretaria por todas partes.
2 Sustituya las siguientes palabras por sus antónimos:
   – disminución – culpables – empeoramiento – penalizado – oponerse – flojedad.

¿Qué opina Vd.?

1 ¿Hasta qué punto estima Vd. importante la puntualidad?
2 ¿Cuánto tiempo calcula Vd. que se necesitaría para controlar el nuevo sistema de Geyer?¿Quién de los trabajadores podría ocuparse de él? (véase anexo).
3 ¿Cuáles son las ventajas e inconvenientes para la empresa del sistema de Geyer?
4 ¿Y para los trabajadores?
5 ¿Qué ventajas ofrece el horario flexible?
6 ¿Qué tipo de problemas se plantearían con un horario flexible?
7 ¿Qué clase de horario flexible podría introducirse? ¿Cómo se organizaría entonces el trabajo de los departamentos?
8 ¿Qué efecto tendría el reloj de control y el horario flexible en el cálculo de horas extraordinarias?
9 ¿En qué empresas sería imposible introducir un horario flexible?

Y ahora . . . a Vd.

1 María Montero, contable, vive al otro lado de Lima y viene en autobus cada día a la oficina. A veces suelen cancelar el autobús; otras veces llega tarde por el tráfico que hay en Lima durante las horas punta. Hoy ha llegado tarde y Geyer le ha mandado venir a su oficina.

Geyer	María
Otro día más – Vd. retraso	Explicaré
No explicación – sólo necesario ser puntual	Difícil – dada actual situación tráfico
Salir casa más temprano	Ya salgo temprano – problema servicio autobuses
Vive lejos – mejor cambiar casa o cambiar empleo	Imposible cambiar casa –¿Vd. quejas – mi trabajo?
Ninguna – sólo siempre retraso	Exageración – dos veces semana máximo
En adelante – acuda a su hora – si no . . .	

2 Juan Canales, jefe de productos y amigo de Geyer, es partidario del horario flexible. Trata de convencer a Geyer para que lo introduzca.

Canales	Geyer
Hablar problema puntualidad	¿Qué piensas mi sistema primas?
Francamente – no soluciona problema	Problema sencillo – empresa no permitirse lujo trabajadores perezosos
No pereza – problema real – tráfico – con horario flexible evitarías problema	Imposible en mi empresa
Necesaria colaboración trabajadores	Horario flexible – desorden – caos – clientes no atendidos
Cuestión de planificar	Propuesta horario flexible – excusa llegar todas horas
Entonces –¿tú decidido?	

Escriba Vd.

1 La carta de María Montero a la Compañía Municipal de Transporte, quejándose del empeoramiento del servicio de autobuses.
2 La respuesta de la compañía que se disculpa señalando el problema de la congestión de tráfico y la falta de conductores.

Vocabulario

horario (m) flexible	*flexitime*
embotellamiento (m) de tráfico	*traffic jam*
comercializar	*to market*
dirección central (f)	*head office*
equipo (m) de ventas	*sales team*
plus (m)	*bonus*
multa (f)	*fine*
fichar	*to clock in*
haber (m)	*salary*
despido (m)	*dismissal*
horas (f) extraordinarias	*overtime*
contable (m)	*accountant*
hora (f) punta (f)	*rush hour*
organigrama (m)	*organigramme*
centralita (f)	*telephone exchange*
pedido (m)	*order*
bufete (m)	*lawyer's office*
cita (f)	*appointment*
compañía (f) aseguradora	*insurance company*

Anexo

Organigrama de Klein

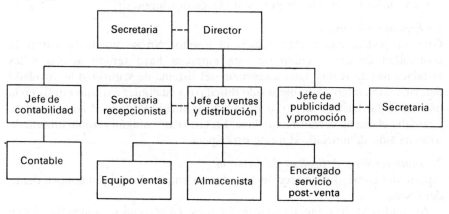

Caso 6

Rojas

¿Un caso de espionaje industrial?

El director de la empresa Rojas S.A. está sentado ante la mesa de su despacho. Acaba de leer un informe confidencial que le ha caído como una bomba.

Hace seis meses el departamento de investigación de la compañía desarrolló un nuevo modelo de bolígrafo que era el primero del mundo en su género. El consejo de administración aprobó el proyecto y se preparó el lanzamiento del bolígrafo en el mercado. Tres meses antes del lanzamiento y antes de que la empresa hubiese obtenido la patente, la firma Gravent S.A. lanzó un bolígrafo casi idéntico. Se sospechó inmediatamente que esta empresa había adquirido una copia del modelo. El consejo de administración de Rojas encargó al jefe de personal que hiciese una investigación del asunto, a llevar a cabo lo más discretamente posible.

En su informe, el jefe de personal ofrece dos hipótesis:

1 Espionaje industrial

Gravent podría haber fotocopiado el diseño. No se puede descartar la posibilidad de que alguien de esta empresa haya tenido acceso a las instalaciones de Rojas. Una inspección del sistema de seguridad ha revelado defectos. Sin embargo, hubiera sido difícil para cualquier extraño entrar en la fábrica, llegar hasta el departamento y abrir el cajón donde el ingeniero jefe guardaba el diseño cerrado bajo llave. En todo caso, ningún posible intento de robo ha sido denunciado durante esta época.

2 Indiscreción o deslealtad del personal

Aparte del consejo de dirección sólo cuatro empleados tienen conocimiento del diseño:

Alejandro Macías, ingeniero jefe, 59 años, 18 años en la compañía, al que difícilmente se le podría tachar de deslealtad. No obstante, el informe revela que en una ocasión ha llevado el diseño a casa y ha olvidado traerlo el día siguiente.

Juan Pacheco, ingeniero técnico, 45 años, 10 de ellos en la empresa. Se señala que suele beber mucho en su tiempo libre y podría haber sido indiscreto.

Santiago Muñoz, diseñador, 36 años, cinco en la compañía. Se le suponen sentimientos de rencor hacia la empresa por haber sido postergado, según el, en los ascensos.

Teresa Serrano, delineante, 28 años, sólo uno en la empresa. Su marido trabaja para una compañía que proporciona materias primas a Gravent. Sin embargo, ella no ha tenido mucho que ver con el diseño.

El director, única persona hasta ahora que ha leído el informe tiene que optar por una línea de acción. En cualquier caso, el asunto no debe salir a la luz.

¿De qué se trata?

1 ¿Cómo ha reaccionado el director ante el informe?
2 ¿Cómo es el sistema de seguridad de la empresa?
3 De los cuatro técnicos que conocían el nuevo modelo ¿de quién se podría sospechar indiscreción y de quién deslealtad?
4 ¿Por qué Santiago Muñoz experimenta cierto resentimiento hacia la empresa?
5 ¿Qué es lo que el director quiere evitar?

¿Cómo se dice?

1 Explique la diferencia entre las siguientes palabras:
   –el capital, la capital –un ordenanza, una ordenanza –el radio, la radio –un ramo, una rama –el punto, la punta –el corriente, la corriente
2 Complete las siguientes oraciones utilizando las ideas del texto:
   –Rojas S.A. . . . (investigación, personal) al . . . (Gravent, bolígrafo casi idéntico)
   –Aunque a Pacheco no . . . (deslealtad) es posible . . . (indiscreción)
   –Muñoz siente rencor hacia la compañía porque . . . (excluído, ascensos)
   –Es preciso que el director . . . (solución) sin que los periódicos . . . (conocer, asunto)

¿Qué opina Vd.?

1 ¿Piensa Vd. que Rojas actuó diligentemente en la tramitación legal de su proyecto?
2 De los tres postulados – seguridad insuficiente, indiscreción, deslealtad – ¿cuál le parece más razonable?
3 ¿Por qué no quiere el director que el asunto salga a la luz?
4 ¿Qué líneas de acción le quedan al director?
5 ¿Cuál es la mejor?
6 Supongamos que Santiago Muñoz acaba por confesar que fue él quien, en un momento de cólera del que se lamenta profundamente, delató el secreto del nuevo bolígrafo. ¿Qué medidas debería tomar ahora el director?

Y ahora . . . a Vd.

1 El director habla con Santiago Muñoz (o Teresa Serrano) que niega o confiesa (a elegir) haber delatado los detalles del bolígrafo.

Director	*S.M. (o T.S.)*
Ultimamente dificultades – no necesario decirle cuál problema – patente – sólo cuatro personas – una Vd.	Yo asegurarle inocente – leal
Investigaciones del personal – hace dos años Vd. postergado – muestras de no satisfecho – (Vd. marido en Gravent) – hace pensar Vd. tenido que ver	Es verdad resentimiento – (marido) – pero no culpable – ética profesional
Si no descubrimos culpable – acudir policía – detención – tribunal – piénselo	¿Por qué yo? – ¿espionaje?
Poco probable	¿Otro en departamento?
Pocas dudas de otros tres	Insisto inocente – (confieso)

2 El director entrevista a Juan Pacheco instándole a que no beba tanto.

Director	*J.P.*
Le he llamado – aconsejarle – amigo – conocimientos excesos bebida	Asunto privado – yo muchos años – empresa – siempre – trabajo concienzudo
Claro no meterme asuntos privados – afecta empresa	No problema – verdad copitas con amigos – hora comida – no afecta trabajo
Ultimamente – trabajo afectado – rendimiento menor – hacer esfuerzo – no beber tanto	Entiendo preocupación – intentaré
Las dos – ¿vamos tomar copita?	

Escriba Vd.

1 Un breve informe escrito por el director para el consejo en que recomienda que se continúe la investigación dentro de la empresa.
2 La carta del jefe de personal a Alejandro Macías en el momento de su jubilación, agradeciéndole su trabajo y dedicación a la empresa.

Vocabulario

informe (*m*)	*report*
lanzamiento (*m*)	*launching, promotion*
patente (*f*)	*patent*
consejo (*m*) de administración	*board of directors*
deslealtad (*f*)	*disloyalty*
tachar	*accuse*
rencor (*m*)	*resentment*
postergar	*to pass over*
ascenso (*m*)	*promotion*
materias (*f*) primas	*raw materials*
tramitación (*f*)	*negotiation*
postulado (*m*)	*hypothesis*
delatar	*betray*
puertas adentro	*behind closed doors*
valoración (*f*)	*evaluation*
mantenimiento (*m*)	*maintenance*
jubilación (*f*)	*retirement*

Caso 7
Turinsa

Un caso de ascenso

En la agencia de viajes Turinsa existe un gran descontento entre el personal. Algunos sostienen que la dirección no ha cumplido su promesa de ascenderles.

Turinsa había planeado una reestructuración de su personal administrativo como consecuencia de la fuerte expansión que espera llevar a cabo en sus actividades. Tiene su sede central en Madrid, además de 30 delegaciones en las principales plazas turísticas españolas y de otras dos en París y Londres. El organigrama del departamento de administración incluye al jefe de administración, cinco oficiales administrativos de primera, 20 de segunda y 80 auxiliares administrativos.*

El año pasado, el jefe de personal pensó en la realización de un curso profesional para los empleados de la sede central en Madrid. Se puso en contacto con el Instituto Internacional de Administración de Empresas. El director de éste ofreció la posibilidad de impartir las siguientes materias:
Contabilidad general
Contabilidad de empresa
Contabilidad bancaria
Derecho mercantil
Organización de oficinas
Finanzas
Marketing
Relaciones públicas
francés ⎫
inglés ⎬ a elegir
alemán ⎭

El curso iba a durar desde octubre de aquel año hasta junio del año siguiente, todos los días laborales de seis a nueve de la tarde. En principio el jefe de personal decidió ofrecer este curso sólo a los auxiliares administrativos. La empresa prometió que la realización del curso supusiera un mérito importante para el ascenso a oficial administrativo de segunda. En esta categoría sería necesario cubrir un número importante de puestos con vistas a la futura expansión.

De los 80 auxiliares administrativos, 60 se inscribieron en el curso, y de ellos sólo 30 lo terminaron.

En junio se realizaron los examenes finales, en los que 20 alumnos aprobaron con diferentes calificaciones desde sobresaliente a aprobado. Dos meses después de la finalización del curso, Turinsa llevó a cabo su reestructuración de categorías, en la cual 13 de los 20 aprobados fueron ascendidos a oficial administrativo de segunda, además de otros dos auxiliares que no habían seguido el curso. Estos ascensos crearon gran descontento, especialmente entre los siete auxiliares que habían aprobado el curso y que no fueron ascendidos. Se da además la circunstancia de que cuatro de éstos habían obtenido en el curso calificaciones superiores a otros varios alumnos que habían sido ascendidos de categoría.

La empresa razona que las calificaciones del curso de actualización fueron un factor importante a la hora de decidir los ascensos, pero esto no era el único criterio, ni siquiera el más importante. Pero varios auxiliares, no sólo los que no fueron ascendidos, siguen insistiendo en que los ascensos fueron injustos.

* **Nota** En las grandes empresas administrativas, aparte de los directores y jefes de departamentos, hay tres categorías fundamentales de trabajadores: oficiales de primera y segunda categoría y auxiliares.

¿De qué se trata?

1 ¿Por qué Turinsa piensa realizar cambios en el personal administrativo?
2 ¿Por qué se ofreció el curso en principio a los auxiliares administrativos?
3 ¿Prometió la empresa ascender a los auxiliares una vez que hubiesen aprobado el curso?
4 ¿Cuántos auxiliares fueron suspendidos en los examenes finales?
5 ¿Por qué se quejaron algunos de los auxiliares?
6 ¿Tomó la empresa en cuenta las nuevas calificaciones cuando decidió los ascensos?

¿Cómo se dice?

1 *Ejemplo*: Varios alumnos habían sido ascendidos (por el jefe de personal).
        Se había ascendido a varios alumnos.
        A varios alumnos les había ascendido el jefe de personal.
Cambie las siguientes oraciones del mismo modo dando en cada caso las dos alternativas:
–El director fue consultado (por el jefe de personal).
–El nuevo jefe ha sido nombrado (por los directores).
–Los oficinistas serán enviados al Instituto (por la dirección).

2 Busque en el anuncio del Cesem (véase anexo) los cursos mensuales que corresponden al estudio de:
–selección de personal
–móviles de compra
–existencias
–conducta del personal
–pronósticos
–relaciones entre dirección y trabajadores
–criterios para decidir la remuneración de los trabajadores
–publicidad

¿Qué opina Vd.?

1 Si Vd. fuese el jefe de personal de Turinsa ¿qué materias elegiría como componentes del curso ofrecido por el Instituto Internacional de Administración de Empresas?
2 ¿Sería la organización del curso una decisión única del jefe de personal o debería éste consultar a alguna otra persona? En caso afirmativo, ¿a quién?
3 ¿Quién cree Vd. que debe correr con los gastos del curso?
4 A la hora de decidir los ascensos ¿qué criterios cree Vd. ha empleado la empresa?
5 En el anexo se puede ver el anuncio de un instituto semejante al Instituto donde se realizó el curso. ¿Cómo se organizan los cursos en este centro?

Y ahora . . . a Vd.

Uno de los auxiliares que aprobó el curso y que no fue ascendido es Joaquín Puerta. En cuanto se entera de la noticia de los ascensos, se presenta en la oficina del jefe de personal para quejarse.

Joaquín	*Jefe de personal*
Acabo oír noticia ascensos – mi nombre no incluido	
	Siéntese
Prefiero de pie	Imposible ascender a todos. Criterios ascensos – antigüedad – responsabilidades – calificaciones
Exacto. Yo aprobado curso. Vds. promesa ascendernos después aprobado	
	No verdad – nueva calificación importante pero no único criterio – prometimos tomarla en cuenta
¿Para qué hacer curso? Sacrificio tiempo libre – todo inútil	
	Nueva calificación importante paso tu carrera – posibles ascensos futuros
Siempre promesas	Expansión nuestras actividades nuevas posibilidades – paciencia

Anexo

CURSOS DE DIRECCION

Asistencia • Distancia • Mixta

DESARROLLO DIRECTIVO

Octubre	D. CAPACIDAD PERSONAL
Noviembre	D. CAPACIDAD AFECTIVA
Diciembre	D. CAPACIDAD DE DECISION
Enero	D. CAPACIDAD MENTAL
Febrero	D. MOTIVACIONAL Y ACTITUDINAL
Marzo	D. PERCEPTIVO Y COGNOSCITIVO
Abril	D. C. COMUNICATIVA Y NEGOCIADORA
Mayo	D. CAPACIDAD INTEGRADORA
Junio	ESTILO DE DIRECCION

DIRECCION GENERAL

Octubre	PREVISION Y PROSPECTIVA
Noviembre	POLITICA EMPRESARIAL
Diciembre	PLANIFICACION GENERAL
Enero	DESARROLLO DE LA ORGANIZACION
Febrero	DIRECCION ECONOMICA
Marzo	ANALISIS ECONOMICO
Abril	DIRECCION FINANCIERA
Mayo	ANALISIS FINANCIERO
Junio	CONTROL PRESUPUESTARIO

DIRECCION INTERNACIONAL

Octubre	PREVISION Y PROSPECTIVA
Noviembre	POLITICA EMPRESARIAL
Diciembre	PLANIFICACION GENERAL
Enero	DESARROLLO DE LA ORGANIZACION
Febrero	DIRECCION ECONOMICA
Marzo	MARKETING INTERNACIONAL
Abril	SISTEMAS INTERNACIONALES
Mayo	IMPORTACION
Junio	EXPORTACION

DIRECCION ADMINISTRATIVA

Octubre	CONTABILIDAD GENERAL
Noviembre	BALANCES Y RESULTADOS
Diciembre	GESTION FISCAL
Enero	CONTABILIDAD DE COSTES
Febrero	DIRECCION ECONOMICA
Marzo	ANALISIS ECONOMICO
Abril	DIRECCION FINANCIERA
Mayo	ANALISIS FINANCIERO
Junio	CONTROL PRESUPUESTARIO

DIRECCION DE MARKETING

Octubre	EL CONOCIMIENTO HUMANO
Noviembre	EL SISTEMA DE MARKETING
Diciembre	EL ESTUDIO DEL MERCADO
Enero	PLAN DE MARKETING
Febrero	ORGANIZACION COMERCIAL
Marzo	DISTRIBUCION COMERCIAL
Abril	ESTUDIO DE LA OFERTA
Mayo	LA IMAGEN COMERCIAL
Junio	EXPORTACION

PRODUCTOS E INGENIERIA

Octubre	PROSPECTIVA
Noviembre	MARKETING DEL PRODUCTO
Diciembre	INVESTIGACION Y DESARROLLO
Enero	CREATIVIDAD
Febrero	DISEÑO Y PROYECTO
Marzo	TECNOLOGIA
Abril	INGENIERIA DE SISTEMAS
Mayo	INVERSIONES Y EV. PROYECTOS
Junio	INGENIERIA DE LA CALIDAD

DIRECCION DE PRODUCCION

Octubre	PRODUCTOS Y TECNOLOGIA
Noviembre	PROCESOS Y METODOS
Diciembre	MANTENIMIENTO
Enero	GESTION DE PERSONAL
Febrero	SEGURIDAD E HIGIENE
Marzo	ORGANIZACION
Abril	PLANIFICACION Y CONTROL
Mayo	APROVISIONAMIENTOS
Junio	COSTES

DIRECCION SOCIAL

Octubre	EL CONOCIMIENTO HUMANO
Noviembre	RECLUTAMIENTO
Diciembre	EL COMPORTAMIENTO EN LA EMPRESA
Enero	DIRECCION DE RECURSOS HUMANOS
Febrero	DESARROLLO DE LA ORGANIZACION
Marzo	RELACIONES SOCIOLABORALES
Abril	COMUNICACION EN LA EMPRESA
Mayo	REFORMA DE LA EMPRESA
Junio	VALORACION Y RETRIBUCION

Nombre	
Empresa	(En el caso en que la dirección corresponda a ella) 79 R4
Calle	
Población	
Provincia	Tno.

SOLICITUD DE INFORMACION

CENTRO SUPERIOR DE ESTUDIOS EMPRESARIALES
CESEM

Remítase a CESEM. Pío XII, 1 - PAMPLONA - Tno. 948-256100

Escriba Vd.

Otro anuncio publicitario del Cesem en que el centro haga propaganda de sus servicios (sin incluir la lista de asignaturas).

Vocabulario

sede (*f*) central	*central office*
delegación (*f*)	*branch office*
jefe (*m*) de administración	*administrative manager*
jefe (*m*) de personal	*personnel manager*
curso (*m*) de actualización profesional	*training course*
contabilidad (*f*)	*accountancy*
móviles (*m*)	*motives*
pronóstico (*m*)	*forecast*
optativo	*optional*
abonar	*to pay for*
antigüedad (*f*)	*seniority*
curso (*m*) a dedicación plena	*full-time course*
curso (*m*) a distancia	*correspondence course*

Caso 8

Marco

Revista de empresa

José Luis Salvador sale enojadísimo del despacho del director. Ha tenido una entrevista muy acalorada con él y sus planes para la creación de una revista de empresa han sido rechazados. Ahora tiene que presentar un proyecto mucho más modesto, ya que el director no está dispuesto a gastar mucho dinero en una idea que no le parece muy importante.

José Luis Salvador acaba de ser nombrado director de relaciones públicas de la empresa textil Marco S.A. en Barcelona. Dicha empresa cuenta con cinco plantas, distribuídas por todo la geografía española, en las que trabaja un total de 6.500 trabajadores. Una de sus primeras ideas a poner en práctica es la de crear una publicación interior. Estima que una revista de este tipo, hecha con honestidad y buen gusto, podría ser un medio de integración entre los trabajadores y la empresa. Siguiendo esta idea, presentó un proyecto a la Dirección en el que sugirió:

1 La publicación de una revista bimestral de 30 páginas, impresa en offset a dos tintas, cuya tirada sería de 3.000 ejemplares, restringida a una difusión interna.
2 La creación de un comité de redacción compuesto por aquellas personas capaces de informar en la empresa.
3 La contratación de un periodista profesional para redactar y confeccionar la revista.

José Luis Salvador insiste en que la revista sea amena. Quiere incluir en ella no sólo las noticias de la empresa sino también asuntos de interés general para los empleados de la empresa.

El director, sin embargo, no es del mismo parecer. Según él, los planes del nuevo director de relaciones públicas son extravagantes. Además, el presupuesto es demasiado alto. Aprueba la idea de un periódico de empresa pero no ve la necesidad de incluir en él más que las noticias de la empresa, natalicios, jubilaciones y bodas; concibe el periódico como una sencilla publicación trimestral en blanco y negro, hecho por el director de relaciones públicas con la ayuda de empleados interesados en la idea.

De esta forma, ha pedido a José Luis Salvador que prepare un nuevo proyecto. Este sabe que tendría que modificar su proyecto pero durante la entrevista ha insistido en mantener al menos algo de su propuesta original.

¿De qué se trata?

1 ¿Cómo fue la entrevista entre el director y José Luis Salvador?
2 ¿Para qué José Luis Salvador quería publicar una revista de empresa?
3 ¿Qué clase de revista quería?
4 ¿Por qué rechazó el director su proyecto?
5 ¿Qué tipo de publicación quería el director?

¿Cómo se dice?

1 Utilice las siguientes palabras en frases suyas de manera que ilustren su significado:
restringir – ameno – rechazar – acalorado – estimar
2 Sustituya las expresiones en cursiva de acuerdo con el contexto:
–Una de sus primeras ideas a *poner en práctica*
–*Siguiendo esta idea*, presentó un proyecto . . .
–El director no es *del mismo parecer*
–. . . cinco plantas, *distribuidas por toda la geografía española*
–El director no está *dispuesto* a gastar mucho dinero . . .

¿Qué opina Vd.?

1 ¿Qué nombre se podría dar a la revista?
2 ¿Quién debería ser el responsable de un periódico empresarial?
3 ¿Cuáles podrían ser los asuntos de interés general que pudieran incluirse en la revista?
4 ¿De qué modo una revista empresarial podría ayudar a la integración entre los trabajadores y la dirección?
5 ¿Hasta qué punto tendría José Luis Salvador que modificar su proyecto?

Y ahora . . . a Vd.

1 Represente la entrevista entre J.L. Salvador y el director.

J.L. Salvador	Director
¿Qué piensa mis propuestas?	Idea no mal. Presupuesto exagerado – necesidad acortar condiciones –
¿Hasta qué punto?	Publicación más espaciada – sólo noticias de empresa – menos páginas – periódico sencillo
No entiende importancia. Crear ambiente cooperación – participación. Su idea aburrida	
Claro – importante revista seria	No hacernos revista tipo ¡Hola!
	No perder de vista principal objetivo – producción. Vd. acaba llegar – no entiende

Entiendo – pero revista ayudar
producción – relaciones humanas.
¿Está Vd. decidido?

De momento proyecto más modesto
como iniciación

2 Salvador habla con un oficinista de la empresa que quiere colaborar en la
nueva revista.

Salvador	*Oficinista*
¿Te interesa ayudar revista?	Revista buena idea – yo ayudar si posible
Me alegro tu ayuda – ¿experiencia?	Ninguna. No escribir bien – ¿importante experiencia?
Importa entusiasmo – ¿intereses?	Fútbol
Empresa ningún equipo	¿Reportaje equipo Barcelona?
Revista de empresa – no periódico deportivo	A todos interesa el Barcelona
¡Hombre! no apropiado – ¿otro interés?	Chicas
Tú, no serio – idea – ¿haces crucigramas?	A veces
¿Interesa confeccionar crucigrama revista?	¿Cómo se hace? – difícil
No sé – tratar	Posible
Me alegro pero cuidado – en crucigrama no demasiado referencia fútbol – chicas	Muy difícil – intentaré

Escriba Vd.

1 La carta de introducción de Salvador en el primer número de la revista.
2 El oficinista con quien José Luis habló ha confeccionado un crucigrama que
  aparece en el primer número (y se encuentra en el anexo). Haga el
  crucigrama (la solución viene en las notas).

Vocabulario

bimestral	*bi-monthly*
tirada (*f*)	*edition*
difusión (*f*)	*circulation*
comité (*m*) de redacción	*editorial committee*
contratación (*f*)	*contracting*
redactar	*to write up*
confeccionar	*to lay out*
crucigrama (*m*)	*crossword*
alejar	*to remove*
prescindir	*to dispense with*

Anexo

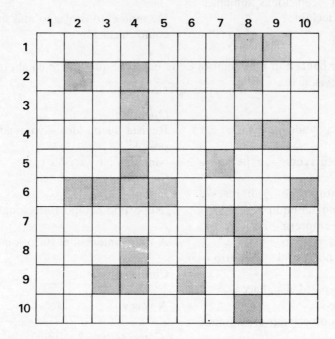

Horizontales:
1. Poner título. 2. Metal precioso y preciado. Conjunción negativa.
3. Iniciales de un impuesto indirecto sobre el consumo a introducir en España.
Sierra en la provincia de Avila. 4. Lo contrario de empeorar. 5. Artículo
demostrativo. Pronombre personal. Condimento con un marcado olor.
6. Impuesto. 7. Intentar. Artículo indeterminado. 8. Sistema de distribución. Necesidad de agua. 9. Letras de 'ataque'. País petrolífero del Medio
Oriente. 10. Capital de la Rioja. Afirmación.

Verticales:
1. Aparece cada tres meses. 2. 'Miras pero no . . .'. Desafío, amenaza.
3. Tipo de ropa que usa tanto la señora como el caballero. Entrega (al revés).
5. Un éxito. Repugnancia. 6. Deporte típico vasco (. . . de piedra). 7. Lo que
hacen los ratones. Da en el pasado. 8. Un campeón o un naipe.
9. Contestación negativa. Espacios reducidos para animales. 10. 'Ni . . . ni
oído'. Apareció dos veces en la frase anterior.

Caso 9

El Fénix

Un caso de oficina abierta

El Fénix S.A. es una gran empresa aseguradora, vinculada al banco norteamericano International City Bank. Tiene sucursales en todos los países de Sudamérica. En Argentina, donde se sitúa su sede central para todo el continente, El Fénix tiene en su cartera de clientes el 10% del total de primas recaudadas en el país, lo que le coloca a la cabeza de las compañías aseguradoras argentinas.

Sus oficinas son bastante deprimentes. Datan de hace 150 años cuando El Fénix empezó a operar en Argentina. Se localizan en el cuarto piso de un enorme y antiguo edificio en el centro de Buenos Aires. El acceso al edificio está completamente modernizado. Un ascensor lujoso y moderno le lleva al cuarto piso, que Fénix comparte con una compañía de navegación. Una vez en El Fénix, el cliente se encuentra con largos e inútiles pasillos, pequeñas oficinas, todo de estilo anticuado aunque bastante interesante desde el punto de vista arquitectónico.

La nueva directora de la empresa, la Srta. Peroni, quiere llevar a cabo unas obras de remodelación de las oficinas. Ha decidido convertirlas en oficinas abiertas y tiene el apoyo del consejo de dirección para proceder a ello. La Srta. Peroni, aunque argentina de origen, ha pasado la mayor parte de su vida activa en los Estados Unidos, donde trabajó en una compañía asociada a aquélla argentina; de ahí su interés en el sistema de 'open plan'. Es consciente de que grán numero de los trabajadores de El Fénix, por llevar muchos años en la empresa, tienen cariño a las oficinas tal y como están.

Para conseguir su favorable opinión del reajuste de las oficinas, dirigió una hoja informativa al personal en la cual expuso las ventajas que ofrece el espacio abierto. Según ella, permiten ahorrar espacio, limar jerarquías, aumentar la productividad, conseguir una mayor flexibilidad de tareas y crear un ambiente de mayor comunicación y cooperación.

En torno a su plan ha surgido una amplia polémica. Hoy apareció en el tablón de anuncios principal de la empresa una carta abierta oponiendo el plan:

¡TRABAJADORES DE EL FÉNIX!

¿Por qué nos quieren cambiar nuestro lugar de trabajo?

¡Imagínense todo el caso, el ruido de las obras!

No creemos que la oficina abierta sea necesaria para aumentar la productividad. Tanto en un sistema como en otro, el rendimiento depende de las características de cada trabajador.

La excesiva proximidad entre unos trabajadores y otros no ayuda tampoco a que se trabaje más y mejor. Al contrario, renderíamos menos. Estaríamos distraídos con el ir y venir de los compañeros.

Las oficinas que tenemos permiten diferenciar nuestro status.

En la nueva oficina seríamos todos mezclados como en una nueva Torre de Babel.

No está previsto en el plan que los altos ejecutivos se instalen en la nueva oficina. ¿Por qué nosotros y no ellos?

¡Compañeros!

¡Rechacemos el nuevo plan! ¡En nuestro trabajo queremos calma no colmena!

¡Fuera con la oficina abierta!

Un grupo de trabajadores de El Fénix

¿De qué se trata?

1 ¿Qué es una oficina abierta?
2 ¿Por qué quiere la directora instalar una oficina abierta?
3 En la carta abierta ¿en qué sentido se discrepa de las opiniones de la directora con respecto a:
  –el medio ambiente de trabajo – la productividad – la comunicación – la jerarquía?

¿Cómo se dice?

1 Cámbiense o únanse las siguientes oraciones, utilizando *por* o *al* más el infinitivo:
  –La directora insistió en realizar las obras. Estaba convencida de que eran necesarias.
  –En cambio los oficinistas rechazaron el plan porque no veían la necesidad de él.
  –En cuanto los oficinistas se dieron cuenta del plan, prepararon una carta abierta.
  –La directora había trabajado en los Estados Unidos. Por eso quería cambiar las cosas.
  –La directora modificó el plan cuando vio que los trabajadores se oponían a él.

2 *Ejemplo:* Si los trabajadores fuesen los directores, no se llevaría a cabo el plan.

Utilizando esta misma estructura, complete las siguientes frases:

–Si las oficinas no fuesen tan anticuadas . . .

–La Srta. Peroni piensa que si los trabajadores no fueran tan conservadores . . .

–Los trabajadores aceptarían el plan si . . .

–Si la Srta. Peroni dimitiese . . .

¿Qué opina Vd.?

1 ¿Qué tipo de trabajos y qué clase de empresas se adaptan mejor a la oficina abierta?

2 ¿Como podría aumentarse la productividad creando una oficina abierta?

3 ¿En qué sentido el espacio abierto podría mejorar la cooperación entre el personal?

4 ¿Los altos ejecutivos deberían ellos también instalarse en la nueva oficina?

5 ¿Qué solución le queda a la directora?

Y ahora . . . a Vd.

1 La Srta. Peroni habla con uno de los trabajadores que admite haber escrito la carta abierta.

Srta. Peroni	*Trabajador*
Llamado por saber ¿Vd. autor carta abierta?	No yo sólo – opinión muchos trabajadores
Vd. impulsó – promovió	En absoluto. Desde anuncio – compañeros no de acuerdo. Yo redacté plan
Yo no tomar medidas – discutir contenido. ¿Qué tiene contra nueva idea?	Rumor – distracción etc.
Pero cooperación – menos jerarquía	Directores no en nueva oficina
No quita idea – directores necesitan privado	Nosotros también. Hasta ahora todo bien – Vd. ideas norteamericanas
No porque norteamericana – bien a empresa	Vd. decidida – nosotros tragarlo
Posible modificar plan	

2 Francisco March es agente de seguros de El Fénix. Hoy hace una visita a un cliente que está interesado en suscribir una póliza de seguro. Realícese la entrevista entre él y el cliente, basándose en la ficha de datos que el agente

tiene que recoger que viene en el anexo 1. Se puede preparar al mismo tiempo el ejercicio 2 de Escriba Vd. Los datos del cliente deben basarse lo más posible en la persona que desempeña su papel. Se podría escoger la póliza que viene en el anexo 2.

Anexo 1

ORIGEN DEL CLIENTE ....   CANDIDATO / CLIENTE

....   D. ....

Profesión
Negocio

Dirección
Particular ....
                                    HORAS
Teléfono ....
                         ....

Dirección
Oficial ....
                                    HORAS
Teléfono ....

	Particular	Oficial
HORAS DE VISITA	a	de a
	de a	de a

SITUACION FAMILIAR

Nacido en ....

Fecha .... **Edad** ....

Estado Civil ....

Esposa D.ª .... **Nació** ....

Hijos: Nombre .... **Nació** ....

     Nombre .... **Nació** ....

     Nombre .... **Nació** ....

     Nombre .... **Nació** ....

     Nombre .... **Nació** ....

Hijos fallecidos ....

ACCION SOBRE LA VENTA

Necesidades ....

Móviles de compra ....

....

Argumentos a esgrimir ....

....

Objeciones a rechazar ....

....

Plan de retirada ....

....

....

SITUACION ECONOMICA

Sueldo Profesional ....

Otros Ingresos:

            de él ....

            de la Esposa ....

            de hijos ....

OBSERVACIONES

Sit. futura ....

SITUACION DE FORTUNA

Propiedades ....

....

POSIBILIDAD PAGO DE PRIMA

Por mes   Por trim.   Por año

Observ. ....

SEGUROS A PROPONER

....

....

....

....

PSICOMORFOLOGIA

Sanguineo .... **Bilioso** ....

Nervioso .... **Linfático** ....

Aspecto físico ....

Estatura .... **Salud** ....

Carácter ....

Comportamiento ....

Hobbys ....

Escriba Vd.

1 La hoja informativa de la Srta. Peroni.
2 Basándose en la entrevista (Y ahora . . . a Vd. no. 2) rellene la ficha en el anexo 1.

Anexo 2

USTED, COMO CABEZA DE FAMILIA
 	
es civilmente responsable de los daños ocasionados a los demás por:
 	
    – SUS HIJOS MENORES
    – SU ESPOSA
    – USTED MISMO
    – SUS SIRVIENTES
    – LAS PERSONAS
      A SU CARGO
 	
Igualmente puede resultar responsable de los daños que, como propietario o arrendatario de su vivienda, pueda causar.
 	
Prevéngase de las consecuencias de estos riesgos mediante una Póliza de Seguro de
 	
"RESPONSABILIDAD CIVIL-CABEZA DE FAMILIA"
(a prima anual)
	ADEMAS, CUBRE LA RESPONSABILIDAD DERIVADA DE:
	
	    – ANIMALES DOMESTICOS
	    – PRACTICA DE DEPORTES
	    – USO DE BICICLETAS
	    – ANTENAS DE TV.
	    – INCENDIOS
	    – EXPLOSION
	      (de aparatos domésticos)
	    – FILTRACIONES DE AGUA
	      (franquicia de 1.000 pesetas)
	
	Y tanto en los procedimientos civiles como criminales:
	
	    – LA DEFENSA POR ABOGADOS Y
	      PROCURADORES DE LA COMPA-
	      ÑIA.
	
	    – EL DEPOSITO DE LA FIANZA QUE
	      EL JUZGADO PUEDA EXIGIRLE.

Vocabulario

oficina (*f*) abierta	*open-plan office*
remodelación (*f*)	*redesign*
reajuste (*m*)	*readjustment*
hoja (*f*) informativa	*information bulletin*
suscribir una póliza	*to take out a policy*
limar	*to pare down*
tablón (*m*)	*notice board*
rendimiento (*m*)	*output*
colmena (*f*)	*beehive*
fianza (*f*)	*surety*
juzgado (*m*)	*court*
sucursal (*f*)	*branch*
cartera (*f*) de clientes	*list of clients*
primas (*f*)	*premiums*
recaudar	*to collect*
póliza (*f*)	*policy*
seguro (*m*)	*insurance*
suscribir una póliza	*to take out a policy*
mobiliario (*m*)	*furniture*
ficha (*f*)	*index card*
franquicia (*f*)	*exemption*
abogado (*m*)	*lawyer*
procurador (*m*)	*solicitor*

Caso 10

Autos Super

Un caso de accidente laboral

Escena: El taller de mantenimiento del garaje Autos Super S.A.
Hora: Viernes por la tarde
Personajes: aprendiz
soldador
peón
capataz
jefe de taller
inspector de trabajo

Acto 1: Las existencias de pintura celulosa están a punto de agotarse. El jefe de taller ha hecho un pedido de la misma para evitar un inminente desabastecimiento por ruptura del stock de seguridad. A las 14.00 entra un camión con una consignación de latas de celulosa y aparca junto a la rampa de carga. El peón está ocupado en otra parte del garaje. El capataz manda al camionero que descargue las latas y las ponga al lado de la rampa, a la derecha, porque viene otra consignación detrás.

Acto 2: A las 14.45, el jefe de taller ve las latas desde su oficina y manda al capataz que las haga llevar al almacén. Este último se encuentra ocupado tratando de resolver unas quejas de clientes insatisfechos. Deja el asunto para más tarde.

Acto 3: En el taller de soldadura, que se encuentra a la derecha de la rampa de carga, el soldador y un aprendiz están soldando paneles de carrocería. Antes, el taller estaba situado al otro lado del taller de mantenimiento, pero lo trasladaron por falta de sitio. El espacio que ocupa ahora era destinado antes al almacenamiento de utillajes. Las listas del inventario del antiguo almacén, así como unas fotos de desnudos y un calendario quedaron pegados a los muros. El taller está rodeado de paneles de madera multilaminar con ventanas en dos de los lados; una de las ventanas da sobre la rampa. Falta el cristal en las dos ventanas, que se rompieron hace una semana.

Son las 15.30. El soldador decide buscar a un compañero suyo que trabaja en las oficinas del garaje para fijar una cita que tienen con unas chicas por esta tarde. Apoya el soplete soldador en la mesa de soldar, con la llama encendida.

Dice al aprendiz que espere unos minutos y sale. El joven, que ya conoce como funciona el soplete, quiere ayudar. Se pone la pantalla de cabeza y los guantes. Son las 15.35. Intenta regular la llama del soplete. En esta manipulación abre demasiado el paso del gas lo que produce una gran llamarada que alcanza los paneles de madera multilaminar. Hay una gran explosión. El chico es lanzado al otro lado del taller, quemado e inconsciente. La explosión provoca un incendio.

El soldador, oyendo la explosión, va corriendo al otro lado del taller para encender la sirena de incendios. El peón también llega corriendo y va en busca de un extintor de mano. El jefe de taller que está con el capataz en la oficina llama inmediatamente a una ambulancia y a los bomberos. El soldador intenta reanimar al aprendiz que afortunadamente no está muerto.

Acto 4: Las bomberos han extinguido el incendio que ha causado daños materiales considerables. El aprendiz está hospitalizado con heridas de pronóstico reservado según el primer parte médico. Ahora empieza la investigación.

¿De qué se trata?

1 ¿Quién debería descargar las entregas normalmente? ¿Dónde se debería llevarlas?
2 ¿Dónde se han colocado las latas con relación al taller de soldadura?
3 ¿Por qué el capataz no cumple en seguida la orden del jefe de taller?
4 ¿Cuáles son los defectos del taller de soldadura?
5 ¿Dónde se encuentra la sirena de incendios?
6 ¿En qué condición está el aprendiz después del accidente?

¿Cómo se dice?

1 *Ejemplo:* Si los personajes hubiesen actuado de una manera responsable, el accidente no habría tenido lugar.

Complete las siguientes oraciones a base de la misma estructura:
–Si el peón no hubiese estado ocupado . . .
–Si el soldador no hubiera dejado sólo al aprendiz . . .
–Si el joven hubiese conocido bien las reglas . . .
–El incendio habría destruido el taller si . . .
–El joven se habría muerto si . . .
2 Busque los adjetivos correspondientes a las siguientes palabras del texto:
–accidente – quejas – daños – pegados – provoca – llama

¿Qué opina Vd.?

1 ¿Cuál fue la causa inmediata del accidente?

2 ¿En qué sentido la organización del taller representa un peligro para los trabajadores?

3 ¿Hasta qué punto son responsables las siguientes personas del accidente: el capataz, el jefe de taller?

4 ¿Qué responsabilidad tienen el aprendiz y el soldador del accidente?

5 ¿Cómo se podrían mejorar las normas de seguridad en el garaje Autos Super?

Y ahora . . . a Vd.

El inspector de trabajo llega el día siguiente para realizar una investigación del accidente. Entrevista individualmente al soldador, al capataz, al jefe de taller y al peón. Cada uno le da su versión de los acontecimientos. El inspector quiere establecer exactamente lo que pasó para ver si se necesita recurrir a la vía judicial. Necesita saber:

¿Cuándo? –día, fecha, hora

¿Dónde? –lugar del accidente, lugar donde se encontraban los otros empleados

¿Quién? –las responsabilidades y los movimientos de los personajes en el momento del accidente

¿Cómo? –los procedimientos con respecto a los trabajos del taller

¿Qué? –lo que pasó antes y después del accidente

El soldador, el capataz, y el jefe de taller tratan de defenderse a base de los siguientes argumentos:

soldador – salí un segundo del taller de soldadura – no sabía que el chico iba a tomar el soplete – el joven tiene la culpa, etc.

capataz – no se me dio tiempo para arreglar lo de las latas – el peón estaba ocupado – venía otra consignación detrás – creo que dije al aprendiz que no tocara el soplete – estaba yo muy ocupado – no imaginé que las latas podían ser peligrosas – éste no es un taller grande –¿para qué tanta medida de seguridad y todo esto?

el jefe de taller – es la primer vez que sucede un accidente aquí – no puedo vigilar siempre lo que hace el personal – actuamos aquí siempre con cuidado – tengo mucho cuidado con los trabajos en el taller – no había otro lugar donde situar el taller de soldadura, etc.

Ahora realícense las entrevistas.

Escriba Vd.

1 A partir de las entrevistas, escriba la parte del informe del inspector que trata de:

–el comportamiento del capataz

–las acciones del soldador

2 Escriba el cartel de normas de seguridad a exponer en el taller de soldadura.
(véase anexo)

Anexo

En caso de accidente grave:

Qué debo hacer:
● Evitar el pánico alrededor del accidentado.
● Pedir ayuda.
● Si la respiración se hubiera cortado, procurar restablecerla. Introducir el dedo en la boca por si la lengua, o algún objeto extraño la impidiera.
● En caso de hemorragia, taponar la herida con rapidez. Si es pequeña, oprimiendo con el dedo bastará.
● Despejar la situación retirando los objetos que entorpezcan.

● Si se encontrara atrapado, empezar por liberar su cabeza y tronco.
● Para trasladarlo se le inmovilizará, sujetando sus piernas y brazos al tronco y ayudándose, si es preciso, de algo rígido hasta conseguir «una sola pieza».

Qué no debo hacer:
● Perder la serenidad.
● Mover el tronco o cuello de la víctima.
● Darle ningún alimento ni bebida.

Esto puede necesitarlo en cualquier momento. Recórtelo, colecciónelo y téngalo a mano.

Campaña educativa de primeros auxilios. dirigida y asesorada por el cuerpo facultativo del Hospital de la Cruz Roja Española de Barcelona.

Es un consejo de la Cruz Roja Española de Barcelona

Vocabulario

daños (m) materiales	*material damage*
mantenimiento (m)	*maintenance*
manutención (f)	*maintenance*
soldar	*to weld*
soldador (m)	*welder*
soldadura (f)	*welding*
peón (m)	*labourer*
capataz (m)	*foreman*
jefe (m) de taller	*workshop manager*
inspector (m) de trabajo	*factory inspector*
desabastecimiento (m)	*stock-out*
stock (m) de seguridad	*minimum stock level*
rampa (f) de carga (f)	*loading ramp*
panel (m) de carrocería	*body panel*
utillaje (m)	*part (of machine)*
madera (f) multilaminar	*plywood*
soplete (m)	*blow lamp*
pantalla (f) de cabeza	*head guard*
extintor (m) de mano	*fire extinguisher*
de pronóstico reservado	*provisional diagnosis*
parte (m) médico	*medical report*
recubrimiento (m)	*covering (e.g. walls)*

Caso 11

Banco de Hoyos

Lanzamiento de un nuevo servicio

El Banco de Hoyos se propone lanzar un servicio completamente nuevo en Colombia – los cheques de gasolina. Sustituirían los pagos en metálico de la gasolina adquirida por el automovilista. Todos los automovilistas que tengan cuenta corriente en el Banco tendrán derecho a utilizar los cheques. Sólo habría que solicitarlos en cualquier sucursal del Banco. Serían gratuitos y sólo deberían ser cargados al cliente cuando los presenten las estaciones de servicio al banco.

Las estaciones ingresarían los cheques recogidos en cualquier cuenta que mantengan en las sucursales del Banco o podrían hacerlos efectivos en estas sucursales a través de personas autorizadas. Los cheques deberían llevar al reverso el sello de la estación de servicio antes de ingresarse o hacerse efectivos. Los cheques vendrían en forma de talonario por importe de 100 pesos y se comprarían en el mismo Banco. El Banco cobraría un 1% de comisión a la gasolinera. El Banco estima que el nuevo servicio influirá positivamente en su imagen. Está convencido de que el servicio tendrá un buen grado de aceptación.

Antes del lanzamiento del servicio, piensa realizar un análisis de su alcance y un sondeo de opinión. Una vez comprobada la fiabilidad del nuevo producto, habría que preparar una campaña de promoción de la cual se encargaría la agencia del Banco, Celis S.A.

El Banco le ha encargado a Vd. la tarea de supervisar y coordinar el lanzamiento de los cheques de gasolina.

¿De qué se trata?

1 Describa en palabras suyas la utilización de los cheques de gasolina por los automovilistas.

2 ¿Qué es lo que tienen que hacer las estaciones de servicio para cobrar los cheques?

3 ¿Qué es lo que tiene que averiguar el Banco antes del lanzamiento de los cheques?

4 En los anexos verá el anuncio de un servicio parecido en España y una copia de un autocheque de este mismo servicio. ¿Qué medida de seguridad lleva el cheque?

5 ¿Qué es lo que el Banco exige del usuario, según el anuncio?

Anexo 1

¿Cómo se dice?

1 Supongamos por un momento que el Banco de Hoyos abandonó la idea de introducir el servicio. Escriba otra vez el primer párrafo de la introducción, empezando: El Banco de Hoyos había propuesto . . .

2 Defina las siguientes palabras o frases:
  –los pagos en metálico – cobrar – el descubierto – devengar – encargarse

¿Qué opina Vd.?

1 ¿Qué datos hay que tomar en cuenta para el análisis?

2 ¿Entre quiénes se podría realizar el sondeo de opinión?

3 ¿Cuáles son las ventajas de los cheques para los usuarios?

4 ¿Qué ventajas ofrecen los cheques para las gasolineras?

5 ¿Qué clase de publicidad podría hacerse para lanzar los cheques?

6 ¿Tomaría Vd. medidas después del lanzamiento para averiguar el alcance de la publicidad?

Anexo 2

es la nueva forma de pagar... sin llevar dinero.

Usted sólo necesita tener cuenta en alguno de los Bancos: Central, Español de Crédito, Hispano Americano o Santander. Si no la tiene, abra la suya ahora mismo. Inmediatamente tendrá derecho a utilizar los AUTOCHEQUES 4B para Carburante.

Solicítelos en cualquier sucursal, le serán entregados gratuitamente. Sólo a medida que los vaya utilizando, se cargarán en su cuenta.

Los AUTOCHEQUES 4B llevan como identificación la matrícula de su automóvil. Nadie más puede utilizarlos, lo que representa una gran seguridad.

Hay AUTOCHEQUES 4B de 500 y de 1.000 pesetas. Esto le ayudará a conocer y controlar, el consumo y gasto de su automóvil.

Eche gasolina... sin llevar dinero

Ahora tiene 4Buenas razones para hacerlo

1) No hace falta llevar dinero para repostar. Pagar con AUTOCHEQUES 4B para Carburante es como pagar en efectivo.

2) Se admiten a cualquier hora del día y de la noche.

3) Todas las gasolineras y estaciones de servicio de España le agradecerán su utilización.

4) No hay que firmar nada, ni tampoco preocuparse por los cambios.

No lo piense más y utilice este moderno sistema. Ahorrará problemas. Ganará seguridad y comodidad.

La nueva forma de pagar... sin llevar dinero. ✂

Solicitud del servicio AUTOCHEQUES 4B

BANCO ....

Muy Sres. míos (nuestros):

Con el fin de utilizar el servicio de AUTOCHEQUES 4B, para la adquisición de Carburante, (gasolina y gasoil), ruego (rogamos) se sirvan facilitarme (facilitarnos) .... talonarios de AUTOCHEQUES 4B de talones de .... ptas. cada uno, por un total de .... ptas.

El importe de los AUTOCHEQUES 4B, una vez hayan sido utilizados y presentados en sus oficinas por las Estaciones de Servicio y Aparatos Surtidores, lo adeudarán en la cuenta abajo indicada.

Me comprometo (nos comprometemos) a mantener en la referida cuenta saldo suficiente para cargar los AUTOCHEQUES 4B utilizados. Los descubiertos que eventualmente puedan producirse, devengarán a favor del Banco los intereses, gastos e impuestos que sean aplicables. En cualquier momento, el Banco podrá requerirme (requerirnos) para la conversión del posible descubierto en operación de crédito documentada. En todo caso, el descubierto se considerará siempre como inmediatamente exigible.

En el supuesto de cancelación de la cuenta, me obligo (nos obligamos) a devolver los AUTOCHEQUES 4B no utilizados.

Conformidad de Firma. A cumplimentar por el Banco.		de _____ de 19 _____ EL SOLICITANTE

DATOS DE LA CUENTA.

Cuenta _____ número _____ TITULO _____

_____ DOMICILIO _____

Y ahora . . . a Vd.

1 Un representante del Banco habla con el dueño de una pequeña estación de servicio, que no está convencido del servicio de cheques de gasolina.

Representante	*Dueño*
¿Conoce servicio cheques gasolina?	Visto publicidad
¿Vd. interesado?	No mucho – no le veo ventaja
¿Sabe cómo utilizar estos cheques?	Yo recoger cheques – cobrarlos en banco
Ningún riesgo – atraco	Poco dinero aquí – pocos clientes
Mayor número clientes con cheques gasolina	
	No veo ventaja para cliente – lo mismo pagar en efectivo
No verdad – ventaja no llevar dinero. Mayor comodidad – p.ej. cuando bancos cerrados	
	Bueno. Quizás ventajas para clientes – mayor inconveniente para mí. Gasolinera pequeña ya mucho trabajo con cuentas y libros. Cheques gasolina – nueva burocracia. Yo no dispuesto
Hay que modernizar	Mire, yo viejo – no a la altura ideas modernas como Vd. Ahora yo tengo trabajo

2 Despues del lanzamiento del servicio, una encuestadora de Celis habla con un transeúnte en la calle y hace las siguientes preguntas:
 – ¿Tiene Vd. coche?
 – ¿Ha oído hablar de los cheques de gasolina?
 – ¿Ha visto el anuncio?
 – ¿En qué medio?
 – ¿Lo ha comprendido?
 – ¿Le ha convencido?
 – ¿Le ha movido a utilizar los cheques?
 – ¿Cree en las ventajas de los cheques?
 – ¿Utiliza mucho el coche?
 – ¿Cuántos kilómetros por semana, aproximadamente?
El señor con quien habla tiene coche y ha oído hablar de los cheques de gasolina pero no le interesan mucho. Ahora realícese la entrevista.

Escriba Vd.

1 Invente un símbolo de identificación y un 'jingle' para el nuevo servicio.
2 Prepare un cuestionario para propietarios de estaciones de servicio.

Vocabulario

en metálico (*m*)	*cash*
cuenta (*f*) corriente	*current account*
cargar	*to charge*
ingresar	*deposit*
hacer efectivo	*to cash*
talonario (*m*)	*cheque book*
alcance (*m*)	*scope*
sondeo (*m*) de opinión	*opinion poll, market survey*
fiabilidad (*f*)	*viability*
atraco (*m*)	*hold-up*
encuestador(a) (*m* o *f*)	*canvasser*
jingle (*m*)	*jingle*
previsión (*f*)	*forecast*
demanda (*f*)	*demand*
consumo (*m*)	*consumption*
carburante (*m*)	*fuel*
matriculación (*f*)	*licensing (car)*
extravío (*m*)	*loss*

Caso 12

Doremi

Un caso de informática

La empresa Doremi es una compañía argentina que se dedica a la fabricación y distribución de juguetes para niños. Lleva veinte años en esa rama de producción. Fabrica 200 juguetes distintos y tiene 100 almacenes de distribución repartidos por toda la geografía del país. Su capital de trabajo es muy elevado por tener un sistema manual centralizado de distribución. Esto la obliga a mantener unos stocks de seguridad elevados por el retraso en la comunicación de las necesidades de cada almacén y, por lo tanto, un retorno de su inversión muy malo. Se encuentra en estos días ante la necesidad imprescindible de reducir sus stocks de productos terminados y planificar mejor sus fabricaciones.

El problema se ha agravado en el último año. En las campañas especiales de Navidades y de las vacaciones (cuando vende juguetes para la playa) la compañía se encontró con que, de manera alarmante, le faltaban artículos en unos almacenes y le sobraban los mismos en otros almacenes. A título de ejemplo, se podría citar el caso del almacén de Córdoba. A principios de noviembre del año pasado, recibió un pedido de gran importancia que no podía cumplir por no tener suficientes existencias. Escribió a la casa central de Buenos Aires que le enviase la cantidad adecuada. Por lo tanto, la empresa tuvo que aumentar la producción de este tipo de juguete. Se dio cuenta después que se podría haber realizado el pedido desde el almacén de Villa María a unos 160 kilómetros, en el cual había existencias superiores al stock de seguridad y suficientes para cumplir el pedido de Córdoba.

La empresa, por consiguiente, está pensando mecanizar la planificación y distribución de sus artículos mediante la instalación de un computador. Se ha introducido en el país recientemente un nuevo sistema cerrado (llamado Lazo) de terminales conectados a un computador central. Los terminales pueden transmitir y recoger datos o bien solamente transmitir si se quiere evitar costes altos. A través siempre del computador central se puede enviar y recoger información desde un terminal a otro. El computador central tiene en cada momento la información de todas las transacciones que se están realizando.

¿De qué se trata?

1 ¿Con qué fin necesita Doremi reducir sus stocks y planificar su producción?
2 Bajo la estructura actual de la empresa ¿cómo se resuelven problemas de escasez de existencias en almacenes individuales?
3 ¿Por qué no es satisfactorio este procedimiento?
4 Si se introduyese el nuevo sistema ¿cuál sería la función del computador central?
5 ¿Qué tipo de enlace podría haber entre cada terminal?

¿Cómo se dice?

1 Utilice las siguientes expresiones en otros contextos:
   –a título de ejemplo – repartir – sobrar – mediante
2 *Ejemplo:* Lleva veinte años en esa rama de producción.
   Cambie las siguientes expresiones utilizando el verbo *llevar*.
   –El jefe de contabilidad es muy amigo del director.
   –Tiene dos años más que él.
   –Una vez instalado el nuevo sistema, Doremi podría mejorar su posición en relación a sus competidores.
   –Antes, tendría que realizarse un estudio minucioso de la organización de los stocks.

¿Qué opina Vd?

1 ¿De qué manera podría la compañía reducir sus stocks de seguridad bajo el nuevo sistema Lazo?
2 ¿De qué manera podría adaptarse un sistema similar en otros departamentos de la compañía?
3 ¿A qué otro tipo de negocio se puede adaptar este sistema?
4 ¿Cómo podría utilizar dicho sistema el departamento de marketing?
5 ¿Qué mejoras obtendrán los clientes de Doremi?

Y ahora . . . a Vd.

1 Uno de los clientes más importantes de Doremi, la cadena de jugueterías Bustelo, se queja de varios retrasos en la entrega de juguetes desde los almacenes de Doremi que le ha causado serios problemas. El director de Doremi habla con el director de Bustelo, tratando de convencerle de que continúe como cliente de la firma, prometiéndole que con el nuevo sistema de ordenador, no se repitirá el retraso.

Bustelo	*Doremi*
Mucho tiempo con retrasos en entregas – perjuicios – muchas promesas pero siempre igual. No podemos aguantar más – competidores mejor abastecidos. Pienso cambiar proveedor	
	Antes – sistema manual. Gran cantidad artículos y almacenes. Difícil reaccionar a tiempo
¿Qué medios ahora?	Instalar computador y red de terminales – conocer existencias en almacenes en cada momento. Posible resolver problema retraso entrega pasando mercancías de un almacén a otro – planificar producción para pedidos más largo plazo
Me parece correcto. Voto de confianza por período 6 meses	

2 Los trabajadores de Doremi temen que la introducción del nuevo computador lleve a despidos. Uno de los representantes de los trabajadores se entrevista con el director de personal.

Representante	*Director*
Preocupados con nuevo sistema – capaz hacer trabajo mayor rapidez. Tememos empresa plantee situación reducción plantilla	
	Sin este sistema, perderemos clientes – forzados reducir plantillas para supervivencia empresa
Ninguna respuesta. ¿Vd. asegura no sucederá?	Asegurar nada. Esta solución – no reducirá ventas – así no será necesario despedir. No me comprometo asegurarles
Vds. han estudiado posibilidades nuevo sistema – infórmenos con que fin decidieron	Otra cosa – empresa piensa dicho sistema manejará mejor negocio – aprovechará medios con fin de ampliación firma y mantenimiento número operarios
Si es así, nos gustaría conocer sistema a fondo. Todo personal deberá conocerlo antes implantación	

Escriba Vd.

La carta del almacén de Córdoba a la casa central de Buenos Aires, pidiendo 200 unidades del juguete, modelo no. 32.

Vocabulario

informática (*f*)	*data processing*
ordenador (*m*)	*computer*
computador (*m*)	*computer*
cinta (*f*) magnética	*magnetic tape*
disco (*m*)	*disc*
pantalla (*f*)	*screen*
impresora (*f*)	*printer*
plantilla (*f*)	*staff*

Caso 13

Herrera

Un caso de urbanización

Los Cigarrales es una zona residencial situada en la Costa del Sol. Dista unos 12 kilómetros de la playa y 20 kilómetros de Málaga. Es una urbanización de montaña con una altitud media de 750 metros sobre el nivel del mar. Está situada en un paisaje de gran belleza, rodeada de frondosos pinares y regada por el arroyo Alhaza. La playa más cercana es de arena fina. Las viviendas que se han construido hasta la fecha son unifamiliares con zona ajardinada.

La urbanización, por lo tanto, goza de unas características que la hacen muy indicada para disfrutar de los fines de semana y de las vacaciones.

Sin embargo la compañía que ha promocionado la urbanización hasta ahora acaba de fracasar como consecuencia de dos factores:

1 Los planes de austeridad decretados por el gobierno, que se han traducido en la congelación de salarios y en la restricción del crédito. Estas medidas han influido negativamente en la inversión inmobiliaria. En los últimos seis meses, la venta de parcelas ha disminuido casi totalmente.

2 La deficiente gestión de la empresa promotora. Durante los dos años en que ha existido la urbanización, la empresa ha realizado fuertes inversiones en campañas de publicidad, llegando a vender 125 parcelas (sobre 400) y 74 chalets. No obstante, no ha creado ninguna infraestructura. Faltan carreteras, instalaciones y servicios. Sólo la vía principal está asfaltada y las parcelas sólo tienen servicio de agua. (Los chalets ya construidos tienen luz, alcantarillado y agua.) Es casi imposible cualquier actividad deportiva.

Entre los propietarios actuales, existe un profundo descontento al comprobar que no se han cumplido las promesas efectuadas de realizar las obras de urbanización al precio contratado. Mantienen que esto es la razón principal por la cual el valor de su propiedad no ha aumentado como se había previsto.

La compañía Herrera S.A. acaba de hacerse cargo de la promoción de los Cigarrales. Está consciente de la necesidad de replantear las bases de la promoción. Se ha fijado cuatro objetivos fundamentales:

1 aumentar las ventas
2 desarrollar la infraestructura
3 crear una nueva imagen de la urbanización
4 conseguir la colaboración de los dueños actuales.

Se ha realizado también una encuesta para establecer los objetivos de la nueva campaña. La encuesta ha revelado la siguiente información:

1 El cliente típico de la urbanización es más bien de tipo socio-económico medio alto, como profesionales, comerciantes e industriales.
2 La mayoría de los encuestados muestran una marcada preferencia por la playa sobre la montaña.
3 Los motivos de compra son, en orden de importancia:
   a. uso propio
   b. inversión
   c. explotación comercial

¿De qué se trata?

1 ¿De qué modo los Cigarrales resulta apropiada a los fines de semana y las vacaciones?
2 ¿Por qué no se ha vendido muchas parcelas recientemente?
3 ¿Por qué no ha aumentado el valor de los chalets ya construidos según los propietarios actuales?
4 ¿Por qué es casi imposible cualquier actividad deportiva?

¿Cómo se dice?

1 *Ejemplo:* Era difícil practicar deportes porque no existían facilidades.
            Era difícil practicar deportes por no existir facilidades.
   Cambie las siguientes frases del mismo modo:
   –La empresa fracasó porque había administrado mal la urbanización.
   –La empresa dejó de funcionar porque había fracasado.
   –La urbanización era muy indicada para disfrutar de las vacaciones porque gozaba de muchas ventajas.
   –Los propietarios estaban descontentos porque no se habían cumplido las promesas.
   –El valor de la propiedad no aumentó porque no se había creado ninguna infraestructura.
2 Busque los sustantivos de los siguientes verbos:
   –disfrutar – cumplir – comprobar – gozar – establecer – mostrar – restringir – invertir – conseguir

¿Qué opina Vd?

1 Es Vd. encargado de desarrollar la urbanización por su compañía, Herrera S.A. ¿Qué tipo de infraestructura necesita Vd. crear en los Cigarrales?
2 ¿Qué clase de actividades se podrían desarrollar en los Cigarrales? ¿Qué facilidades se necesitan para ellas?
3 ¿Cómo procederá Vd. para establecer la nueva imagen de la urbanización?
4 ¿Cómo se podría conseguir la colaboración de los dueños actuales?
5 De la encuesta se ha deducido una preferencia por la playa. ¿Cómo se podría superar este problema?

6 ¿Qué tipo de campaña de publicidad hará Vd.? ¿Cómo y dónde la hará?

7 ¿Cómo se podría favorecer de un punto de vista financiero la promoción de los Cigarrales?

8 Para los que compren chalets como inversión ¿qué facilidades podría Vd. ofrecer?

Y ahora . . . a Vd.

1 Un director de Herrera S.A. habla con un propietario.

Director	*Propietario*
Necesitamos colaboración dueños – realizar planes – mejora urbanización	Acostumbrados oír promesas – pocas cosas cumplidas
Situación distinta – urbanizadora anterior – problemas – impedido – planes proyectados	¿Qué garantías? Repetirse situación anterior
Util saber – proyectos anteriores – nosotros – intervenido – llevados a efecto. Muestra de garantía	Muchas obras a realizar. ¿Cómo su solvencia?
Respaldo económico – caja de ahorros	

2 Un representante de la empresa habla con un posible cliente en el pabellón de Herrera S.A.

Cliente	*Representante*
Saber detalles – urbanización. Posible inversión	Encantado. Exponer características. Situación privilegiada – sierra – temperatura ideal
¿Qué distancia?	20 kms. Málaga – 12 kms. playa
¿Cómo casas?	Chalets unifamiliares – jardín
¿Servicios?	Servicios – instalaciones – vísperas construcción
¿Cuándo contar servicios?	Difícil precisar fecha – calculo 6 meses

Escriba Vd.

1 Escriba la 'guía para comprar en los Cigarrales'. Básese en las características ya mencionadas añadiendo algunas de las terminaciones de los chalets (véase anexo).

2 La empresa acaba de terminar las primeras obras de urbanización. Escriba una carta de uno de los propietarios, agradeciéndola por haber cumplido sus promesas tan pronto.

Anexo

CARACTERISTICAS

TERMINACIONES EXTERIORES:

- Carpintería exterior de madera
- Cubierta de pizarra
- Revestimiento exterior en piedra musgo y tirolesa
- Cornisa en piedra labrada

TERMINACIONES INTERIORES:

- Carpintería interior en madera
- Chimenea rústica en el salón
- Persianas enrollables
- Suelos vitrificados

COCINA:

- Azulejos serigrafiados hasta el techo
- Solado en plaqueta
- Instalación y calentador de gas
- Mueble de pila con dos senos
- Cocina de gas

BAÑO:

- Aparatos sanitarios en ROCA color
- Solado en plaqueta
- Azulejos serigrafiados hasta el techo

PARCELAS:

- Con Agua, Luz y Teléfono
- Totalmente vallada
- Calles asfaltadas

FACILIDADES hasta 120 meses

Vocabulario

urbanización (*f*)	*urban development, estate*
regar	*to water*
unifamiliar	*one-family*
fracasar	*to go into liquidation*
congelación (*f*) de salarios	*wage freeze*
inversión (*f*)	*investment*
inmobiliario (*adj*)	*real estate*
parcela (*f*)	*plot*
gestión (*f*)	*management*
asfaltar	*to asphalt*
replantear	*to re-examine*
respaldo (*m*) económico	*financial backing*
pabellón (*m*)	*pavilion*
alcantarillado (*m*)	*sewage system*
señalización (*f*)	*sign*
guardería (*f*) infantil	*creche*
microbus (*b*)	*minibus*
camionetas (*f*) remolques	*trailers*
terminación (*f*)	*finish (of wood, building, etc.)*
pizarra (*f*)	*slate*

Caso 14

Moinsa

Un caso de selección de personal

DIRECTORA DE VENTAS
1.000.000

Para importante empresa de confección prêt à porter de señoras.

BUSCAMOS:
Una mujer capaz de organizar una red comercial controlando y dirigiendo a un equipo de ventas, así como vender en todo el área nacional una Selección de moda francesa exclusiva.

Para ello deberá poseer experiencia en puesto similar mínima de dos años (en Dirección de Ventas), aunque no imprescindible en el sector confección.

Necesitamos una persona seria, con gran iniciativa, con gran sentido de la responsabilidad y dotes para las relaciones públicas, así como una buena presencia física.

Estar dispuesta a viajar por toda España.

Imprescindible coche.

OFRECEMOS:
Puesto de gran futuro profesional en una empresa de alto nivel, con mercado ya abierto en toda España.

Incorporación inmediata.

Jornada laboral de lunes a viernes.

Remuneración del orden de 1.000.000 como cifra orientativa, según la valía de las candidatas.

Las personas interesadas deberán escribir a:

MOINSA S.A. Avda. Reina Victoria, 72.
Indicando Referencia: 10.669

La empresa Moinsa ha insertado este anuncio en la prensa nacional (*Ya*, *ABC*, *El País*, *Informaciones* y *La Vanguardia*) entre los días 21 y 28 de octubre. Esta empresa tiene su sede social en Barcelona, donde se estableció en el año 1950.

Se dedica a la confección y posterior venta de ropa de calidad tipo prêt à porter. Su tamaño es medio en este sector, ya que tiene 200 obreros y una cifra de ventas anual de 500 millones de pesetas.

Su gama de productos no es muy amplia, pero todos ellos son de gran calidad y de un precio medio superior al normal. Comercializa sus productos en todo el territorio nacional a través de unas pocas boutiques y almacenes seleccionados en cada localidad, dado que van dirigidos al estrato medio-alto de la sociedad. De la distribución de sus productos se ocupa la empresa de transportes Pérezy Cía, con la que trabaja a plena satisfacción desde hace 15 años.

La gama de productos de Moinsa se compone de:

Tipo de ropa	*Número de modelos*
vestidos de señora	20
traje-pantalón	10
pantalones	25
chaquetas	15
blusas	40
abrigos	5

La dirección de Moinsa se compone de 3 personas:

Don Luis Gómez, director gerente. Es un hombre ya entrado en años, muy conservador. Aunque esté dispuesto a comercializar modas vanguardistas, tiene unas ideas bastante tradicionales a este respecto.

Don Alberto Cabanillas, director financiero. Como Don Luis, está en la empresa desde su fundación. Sus criterios financieros son más bien tradicionales y no quiere saber lo que es la financiación ajena. Se ocupa también de la función de compras.

Don Juan Fernández, director de producción. Tiene 45 años y lleva cinco en la empresa. Opina que Moinsa podría aumentar su participación en el mercado mediante una ampliación audaz de su gama, para lo cual está técnicamente capacitada.

De las 30 solicitudes que Moinsa recibió en el plazo previsto, ha seleccionado tres para la última entrevista:

1 La señorita Adela Quintana, de 29 años, soltera y natural de Santander. Tiene estudios de bachiller superior, así como cierto dominio del inglés y del francés, tanto hablados como escritos. Ha trabajado durante 12 años en la casa Christian Dior en Barcelona, donde empezó como aprendiz de vendedora. Desde hace un año y medio ocupa el puesto de coordinadora de ventas para toda Cataluña (en el cual percibe un salario de 870.000 pesetas). Esto implica una experiencia personal en los mercados de la moda de París y Londres a través de frecuentes viajes de trabajo. Su concepción de la moda se puede resumir en la frase: 'el que da primero da dos veces'. Es de carácter abierto y agresivo y le gusta la moda más bien vanguardista. Tiene carnet de conducir pero su coche pertenece a la empresa Christian Dior.

2 Doña María Rosal, de 46 años y natural de Madrid. Es licenciada en Filosofía y Letras y diplomada en Marketing. Ha trabajado 20 años en la

sección de confección de Galerías Preciados en Madrid, de la que actualmente ocupa la jefatura. Gana un salario de 1.050.000. Su marido ha sido nombrado director de una firma en Barcelona, así que tiene que trasladarse. Tienen tres hijos de 23, 19 y 12 años. Doña María tiene coche. No es amiga de los cambios bruscos ni de las modas extravagantes. Es de trato amable aunque su carácter sea algo introvertido.

3 Don Germán Cámara. Su carta de solicitud y su curriculum se incluyen en los anexos. Don Germán está casado pero sin hijos. Tiene coche. Es un hombre serio y competente.

¿De qué se trata?

1 ¿Para este puesto se requiere experiencia previa en el sector confección?
2 ¿Cuándo quieren que empiece la nueva directora?
3 ¿La remuneración que ofrece la compañía está prefijada?
4 ¿Qué concepto tiene Don Alberto Cabanillas de la financiación?
5 ¿Qué actitud tiene Adela Quintana hacia la moda?
6 ¿Y Doña María?
7 ¿Qué clase de experiencia obtuvo Don Germán en la empresa Confecciones y Textiles? (véase anexo 2)

¿Cómo se dice?

1 Escoja la palabra que más exactamente equivalga a la del texto:
  –según la *valía* de los candidatos
    –valor – mérito – estimación
  –Su *gama* de productos no es muy amplia . . .
    –selección – serie – surtido
  –al *estrato* medio-alto de la sociedad.
    –nivel – capa – agrupación
  –no quiere saber la que es la financiación *ajena*.
    –extranjera – forastera – exterior
  –Moinsa podría aumentar su participación . . . mediante una ampliación . . . para lo cual está *capacitada*.
    –preparada – formada – habituada
2 Construya sus propias frases empleando las siguientes expresiones:
  –a plena satisfacción – a instancia de – encajar con – dado que – más bien

Anexo 1

```
                                    Germán Cámara
                                    Avda. Pereda 36
                                    Elche - Alicante

                                    Teléfono: 935-229199


    Moinsa                          4 de enero de 19--
    Avda. Reina Victoria 72
    Barcelona



    Estimados Sres:

       Me pongo en contacto con Vds. en relación a su anuncio,
    Ref. 10.669, aparecido en el diario 'El País' del pasado
    26.12.-- en el que Vds. solicitaban una Directora de Ventas.
    De acuerdo con sus especificaciones, les remito mi curriculum
    vitae.

       Como podrán comprobar, no soy una mujer como Vds. requerían,
    pero si les escribo ésta es porque me considero plenamente
    capacitado para el desempeño del puesto ofrecido.

       Esperando sus gratas noticias, queda a sus ordenes s.s.s.




                                Germán Cámara
```

¿Qué opina Vd.?

1 ¿Cuáles son los posibles motivos de cada candidato para cambiar su puesto actual?

2 ¿De qué modo encajan las calidades de cada uno de los candidatos con las exigidas para el puesto?

3 En vista de lo que sabe Vd. de los candidatos y de los directores de la empresa ¿cuál escogería para el puesto? y ¿por qué?

4 ¿Qué más se necesita saber de cada uno de los candidatos en la entrevista?

5 Si Vd. aceptase el puesto, ¿cuánto esperaría recibir neto cada mes?

Y ahora . . . a Vd.

1 Los directores entrevistan a cada uno de los tres candidatos. (Se debe

Anexo 2

CURRICULUM VITAE

Mi nombre es Germán Cámara Fernández y nací en Toledo el 15 de enero de 1940. Realicé mis estudios elementales en el Colegio de los P.P. Escolapios, llevando posteriormente a cabo, en el Instituto de Toledo, el examen de Reválida Elemental que aprobé con la calificación de Notable.

En 1955, ingresé en la Escuela Superior de Comercio de Toledo, donde obtuve en 1958 el grado de Perito Mercantil con la calificación de Sobresaliente. Proseguí allí mis estudios hasta la consecución del título de Profesor Mercantil en 1961, con la calificación de Notable.

El Servicio Militar lo cumplí en el Cuartel de Araca, Vitoria, con posterior destino en el Destacamento de Infantería de Garellano en Bilbao, donde me licencié en 1963.

En octubre de 1963, inicié mi actividad profesional en la empresa Confecciones y Textiles S.A., radicada en Toledo. Allí me ocupé de las labores de adjunto al Jefe de Administración durante dos años. En 1965, fui ascendido a Jefe de Administración, cargo que ocupé hasta 1971, cuando voluntariamente abandoné esta empresa. Por ser ésta de tamaño medio, mi labor en Confecciones Textiles S.A. me permitió estar en permanente contacto con la problemática de los Departamentos de Compras, Producción y Ventas.

En marzo de 1971, ingresé en la empresa Miralles S.A. de Elche, fabricantes de calzado. Mi función aquí es la de Adjunto al Director de Ventas para el mercado nacional. El desempeño de este cargo me obliga a estar constantemente informado de la evolución de la moda en los sectores del calzado y de la confección. Este último puesto es el que en la actualidad ocupo.

Germán Cámara

Germán Cámara

inventar y elaborar algo de la personalidad, intereses, etc. de los candidatos y se puede al mismo tiempo preparar el ejercicio número uno de Escriba Vd.). Se pueden hacer las siguientes preguntas, entre otras:

Directores:
– ¿Como proyectaría Vd. el futuro de nuestra empresa?
– ¿Por qué quiere cambiar su puesto?
– ¿Qué tipo de moda le gusta más?
– ¿Qué es lo que busca en este empleo?
– ¿Qué es lo que más le importa a Vd. en orden de preferencia – dinero, interés en el trabajo, sus colegas, ambiciones personales?
– ¿Cuáles son sus calidades personales según Vd.?
– ¿Cuáles son sus aficiones?
– ¿Qué salario espera Vd. recibir?

Candidatos:
– ¿Cómo se organiza le empresa?
– ¿Cuáles son las perspectivas de ascenso?
– ¿Cuál es la estructura de la compañía?
– ¿Habrá flexibilidad y libertad en la toma de decisiones?
– ¿Cuál es la política de la firma hacia la moda?

2 Después de las entrevistas, los directores se reúnen para decidir cual de los candidatos escoger. Su decisión debe fundarse en los resultados de las entrevistas ya hechas.

Escriba Vd.

1 Es Vd. uno de los entrevistadores. Rellene el siguiente formulario en que se resumen los resultados de esta entrevista:
Nombre del candidato:
Entrevistador:
Presencia física y personalidad:
Disponibilidad:
Motivos y ambiciones:
Intereses:
Razón por abandonar el último puesto:
Salario convenido:
2 Una firma española solicita un trabajador en la rama en que está Vd. especializado. Redacte el anuncio y escriba su carta de solicitud.

Vocabulario

confección (f) prêt à porter	*ready to wear clothes*
red (f)	*network*
valía (f)	*merit*
cifra (f) de ventas	*sales turnover*
gama (f)	*range*
estrato (m)	*layer*
moda (f) vanguardista	*avant-garde fashion*
financiación (f) ajena	*debt financing*
capacitado	*qualified*
encajar	*to fit in*
toma (f) de decisiones	*decision making*
disponibilidad (f)	*availability*
requisitos (m)	*requirements*
bruto	*gross*
neto	*net*
cuartel (m)	*barracks*
adjunto (m)	*assistant*

Caso 15

Arvay Ibérica

Un caso de absorción

Luis Echevarría sale de su despacho y se dirige a la sala de juntas para una reunión del consejo de dirección. Desde el momento en que ocupó el cargo de director de la empresa Arvay Ibérica S.A. hace seis meses, sabía que tenía que enfrentarse con un problema agudo que presenta la actual estructura de la firma.

Arvay Ibérica S.A. inició su actividad en el sector de productos de limpieza para el hogar, extendiéndose posteriormente a la fabricación de productos químico-cosméticos y de perfumería en general como consecuencia de la absorción de la compañía Delia S.A. en 1980.

En los años sesenta los dos sectores experimentaron una alta tasa de crecimiento pero ya en los años setenta, una competencia más aguda en el sector de los cosméticos causó un déficit en la cuenta de resultados de Delia. Cuando se produjo la absorción, Arvay Ibérica, que se había ocupado hasta aquel entonces sólo de los productos de limpieza, impuso a todo el grupo su propia dirección. La central de Arvay Ibérica se encargó de las ventas, de la comercialización, y de la publicidad de todos los productos. Actualmente el personal de ventas visita no sólo las droguerías y las perfumerías sino también las tiendas en cadena donde se venden los productos de limpieza. Los directores de la antigua empresa cosmética dimitieron porque se oponían a la nueva forma de integración y no fueron reemplazados.

Las cifras de ventas provisionales de Arvay Ibérica para los primeros seis meses del año corriente arrojan una disminución de un 5% en los productos cosméticos y de perfumería y un volumen de ventas satisfactorio para los productos de limpieza. Sin embargo, según un reciente estudio realizado por el departamento de marketing, existe un potencial cuantitativo muy elevado en el mercado de cosméticos y de perfumería. Los datos de este estudio vienen resumidos en el anexo.

Los productos de Arvay en esta rama son bastante tradicionales. Desde la absorción de Delia no se ha creado ninguna nueva línea. Consisten sobre todo en aguas de colonia, cremas para la piel, lociones en oferta, y jabones que pueden venderse fácilmente en tiendas en cadena y grandes almacenes. Su envase y presentación han cambiado poco y siguen con una imagen tradicional y clásica.

Echevarría está convencido de la necesidad de realizar cambios radicales en la empresa. Sin embargo, es consciente del conservadurismo de los directores de Arvay Ibérica, algunos de los cuales llevan muchos años en la empresa. Además, uno de ellos es accionista mayoritario en la empresa y Echevarría no quiere provocarle. Mientras se dirige a la reunión, Echevarría va pensando que dc su diplomacia depende el futuro de la empresa.

¿De qué se trata?

1 ¿Cómo empezó Arvay a fabricar perfumería y productos cosméticos?
2 Describa la estructura actual de la empresa.
3 ¿Estaría Echevarría satisfecho de las ventas de la empresa en los últimos seis meses?
4 El déficit de Arvay ¿está relacionado con la tendencia del mercado?
5 ¿Por qué Echevarría tiene que ser diplomático?

¿Cómo se dice?

1 Busque las formas verbales de las siguientes palabras:
  –absorción – agudo – plazo – envase – almacén – competencia – canal – cargo – tasa – rendimiento – convicción – cadena
2 Explique el significado de las siguientes expresiones:
  –un déficit en la cuenta de resultados
  –una alta tasa de crecimiento
  –un potencial cuantitativo muy alto
  –accionista mayoritario
  –las tiendas en cadena

¿Qué opina Vd.?

1 Es Vd. Echevarría. ¿Cómo interpreta las cifras de ventas más recientes? ¿Cuáles son las posibles causas del déficit? (véase anexo)
2 ¿Cómo reestructuraría Vd. la gama de productos cosméticos y de perfumería de Arvay y cómo los posicionaría en el mercado teniendo en cuenta la segmentación del mismo por clases sociales y edades? (véase anexo)
3 Para la gama de productos elegida indique las políticas a aplicar en cuanto a:
  –marca – envase y presentación – precios – comunicación publicitaria – canales de distribución
4 ¿Cuáles fueron las posibles consecuencias de la dimisión de los antiguos directores de Delia?
5 ¿Qué cambios en la estructura de la empresa realizaría Vd.?
6 ¿Cómo puede Echevarría abordar el problema de la estructura de Arvay sin provocar a los directores?
7 ¿Cuáles son las ventajas e inconvenientes de la descentralización?

Anexo

ESTUDIO DE MERCADO

1   Participación de Arvay Ibérica en el mercado de productos cosméticos y de perfumería.

	Productos de lujo	*Productos a granel*
Arvay Ibérica	4%	9%

2   Consumo nacional de cosméticos y perfumería.

a.   POR CLASES SOCIALES

	Promedio previsto para los cinco próximos años	*Promedio de los 5 años anteriores*
clase alta	35%	30%
clase media	47%	48%
clase baja	18%	22%

b.   POR EDADES

más de 55 años	8%	12%
de 35 a 54	24%	26%
de 25 a 34	35%	41%
menos de 25 años	33%	21%

3   Gráfico de inversión publicitaria de Arvay Ibérica de los cinco últimos años.

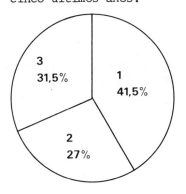

1   Televisión

2   Revistas y prensa

3   Punto de Venta y Publicidad Directa (folletos, displays, carteles, escaparates, etc.)

Y ahora . . . a Vd.

Estamos en la reunión del consejo de dirección. Se ha entablado una discusión entre Echevarría y los otros directores (entre los cuales se destacan el director financiero, accionista mayoritario de la empresa y el director de marketing).

Echevarría	*Directores*
Situación seria. Necesidad investigar causas déficit	
	No sólo problema nuestro – situación económica nacional – difícil – restricciones crédito – disminución ventas – baja demanda – déficit
Déficit sólo rama cosméticos. Estudio de nuestro departamento marketing – previsión buena mercado cosméticos y perfumería. Necesidad investigar posibilidad reorganizar – especializar en dos ramas	
	Reorganización – costes altos – problemas administrativos – duplicación – falta coordinación y dirección general. Empresa funcionado bien centralizada en pasado
No interesado pasado – nuestro futuro depende capacidad adaptar cambios mercado	
	No momento revolución en empresa – proceder con cautela
Situación grave – Arvay amenazada – imprescindible investigar causas	
	Nosotros muchos años aquí – crecimiento Arvay través años depender nosotros
No lo dudo – no cuestión personalidades. Problema supervivencia empresa. Sugerir compromiso. Encargar asunto consultores	
	Nosotros dispuestos – preferible análisis objetivo
Pero importante proceder – rapidez. Estudio debe ser listo 3 meses máximo	

Escriba Vd.

1 La carta de dimisión de uno de los directores de Delia.
2 El anuncio publicitario de una de las cremas para la piel de Arvay Ibérica.

Vocabulario

absorción (f)	*take over*
sala (f) de juntas	*boardroom*
consejo (m) de dirección	*board of directors*
tasa (f)	*rate*
competencia (f)	*competition*
cuenta (f) de resultados	*profit and loss account*
tienda (f) en cadena	*chain store*
dimisión (f)	*resignation*
arrojar	*to show, yield*
volumen (m) de ventas	*sales turnover*
envase (m)	*packaging*
conservadurismo (m)	*conservatism*
accionista (m) mayoritario	*majority shareholder*
estancado	*stagnant*
pericia (f)	*expertise*
sosa (f) cáustica	*caustic soda*
perfil (m)	*profile*
posicionamiento (m)	*positioning*
a granel (m)	*in bulk·*
canal (m) de distribución	*distribution outlet*
punto (m) de venta	*point of sale*
supervivencia (f)	*survival*

Caso 16

Aire Fríos

Contrato de entrega

La compañía multinacional norteamericana United Autos planea el lanzamiento en Venezuela de un nuevo modelo de coche destinado al mercado de Sudamérica. Uno de los rasgos de este coche (llamado 'Playa Azul') es que tiene un nuevo sistema de aire acondicionado diseñado especialmente para climas cálidos. Ha hecho un pedido con la compañía Aire Fríos S.A. de seis mil sistemas para instalar en el nuevo modelo, a entregar antes del primero de junio.

El jefe de compras de Aire Fríos se puso en contacto telefónico con el director comercial de la empresa Bates que se comprometió verbalmente a cumplimentar un pedido de seis mil correas para los sistemas de aire acondicionado, después de ponerse de acuerdo en los precios cotizados. Bates aseguró que el pedido sería entregado en un plazo máximo de dos meses, a partir de aquel día, primero de marzo.

Bates es la subsidiaria venezolana de la empresa norteamericana innovadora de correas automotrices. En Venezuela, la compañía fabrica correas y mangueras para una vasta gama de clientes. En el sector industrial abastece a las compañías petrolíferas y electrodomésticas. En el sector automotriz, sus clientes son los distribuidores de repuestos y las multinacionales automovilísticas, las cuales representan un 10% del total de sus ventas al sector automotriz. También exporta a los países del Pacto Andino, a Puerto Rico y al Caribe. Bates tiene un solo competidor en Venezuela, la empresa Goodrich S.A. Hace diez años, el gobierno cerró la libre importación de correas y mangueras cuando estas dos compañías se comprometieron a cubrir la demanda nacional. A veces, sin embargo, se aprueban licencias de importación por los productos de esta rama que no son rentablemente fabricables por las dos compañías. Las licencias tienen que ser aprobadas por el Ministerio de Fomento.

Bates, tanto como Goodrich, sufre de dos problemas fundamentales:
1 Calidad defectuosa de los productos. Hasta el 20% de la producción diaria sale de planta con defectos, según información del mismo departamento de control de calidad.
2 Retraso en la entrega de los productos. En Bates, nunca se cubre el límite mínimo de seguridad en el inventario.

Un mes después que se había hecho el pedido para las correas, Bates se puso en contacto con Aire Fríos para decir que no podían producir la correa para el sistema de aire acondicionado. Dijo que tenía unos grandes retrasos en la producción por falta de materia prima. Bates se ofreció, sin embargo, a cubrir los futuros pedidos que Aire Fríos le hiciese.

Aire Fríos, a continuación, tuvo que contratar con la empresa norteamericana Layco el envío de las correas necesarias que deberían llegar al puerto de la Guaira en Venezuela en un plazo de diez días a partir del 20 abril. Para esta operación, Aire Fríos obtuvo una Licencia de Importación válida entre el 20 de abril y el 2 de mayo.

Layco contrató con el armador Golden Lines Inc. el transporte de la mercancía. Al mismo tiempo obtuvo una carta de exportación de la Subsecretaría de Comercio norteamericana.

El 21 de abril, el departamento de ventas de Aire Frios recibió un telegrama:
PEDIDO FB 325 EMBARCADO MIAMI 20 ABRIL CIF LA GUAIRA STOP CARTA EMBARQUE ENVIADO CORREO STOP MERCANCIA LLEGARA DESTINO 27 ABRIL SALUDOS LAYCO

Hoy, 27 de abril, el departamento acaba de recibir otro telegrama:
PEDIDO FB325 SUFRE RETRASO LLEGADA 10 DIAS STOP MOTIVO HUELGA TRIPULACION BARCA PANAMA SALUDOS LAYCO

¿De qué se trata?

1 ¿En qué fecha Bates informó a Aire Fríos que no podía suplir las correas? ¿Cuánto tiempo tenía Aire Fríos para encontrar e instalar correas de otra fuente?
2 ¿Qué tipo de contrato existía entre Aire Fríos y Bates?
3 ¿Cómo están los stocks de Bates?
4 ¿Bajo qué condiciones se conceden licencias de importación para correas? ¿De qué modo difiere la licencia concedida para importar las correas de Layco?
5 ¿En qué fecha aproximada se prevé la llegada de las correas de Layco al puerto de La Guaira?
6 ¿Cuándo vence la licencia de importación para las correas?
7 Exprese con sus propias palabras el significado de los telegramas de Layco.

¿Cómo se dice?

1 Explique el significado de las siguientes frases:
   –El director se comprometió a cumplimentar un pedido de seis mil correas.
   –después de ponerse de acuerdo en los precios cotizados.
   –Se aprueban licencias para los productos que no son rentablemente fabricables por las dos compañías.
   –Nunca se cubre el límite mínimo de inventario.
   –Dijo que habían tenido unos grandes retrasos por falta de materia prima.

2 Busque los sustantivos de las siguientes palabras:
   –planear – cumplimentar – cotizado – obtener – comprometerse – abastecer
   – cerrar – aprobado – sufrir – ofrecer – contratar – válido

¿Qué opina Vd.?

1 ¿Qué es lo que tiene que hacer Aire Fríos?
2 ¿Podría Aire Fríos exigir alguna responsabilidad económica a Layco, si no se consiguiera la nueva licencia? En este caso, ¿quién se haría cargo de la mercancía que queda en el barco?
3 ¿Qué acción puede emprender Aire Fríos contra la empresa Bates?
4 Si Vd. fuese el jefe de compras de Aire Fríos ¿encargaría sus nuevos pedidos de correas a la empresa Bates? ¿Por qué (no)? En caso afirmativo, explique en que condiciones lo haría.
5 ¿Cuáles cree Vd. que son las causas de los problemas de Bates?

Y ahora . . . a Vd.

1 El jefe de ventas de Bates informa al jefe de compras de Aire Fríos que no pueden suplir las correas. Le asegura que en el futuro podrían cumplir los pedidos que les hiciera Aire Fríos.

Jefe de ventas	*Jefe de compras*
Surgido problemas – imposible producir correa	
	Asombro. Hablé personalmente con Vds. Se comprometieron pedido
Lamentamos situación – fuera nuestro control. Retrasos materia prima	
	Noticia enorme disgusto. Problema encontrar otro proveedor correa. ¿Por qué dejado un mes antes avisarnos?
Situación imprevista	
	Vds. deberían prever – mantener stocks – mala organización
No el caso – nosotros dependemos otras empresas – no culpa nuestra. Normalmente cumplimos pedidos. Aseguro en futuro no repetirse situación	
	No pienso repetir pedido. Vds. abuso confianza – falta seriedad

2 El director de Aire Fríos habla con el director comercial de General Autos el 3 de mayo, explicando la nueva situación. Ante la preocupación del segundo, le promete no regatear medios para terminar los sistemas de aire acondicionado lo antes posible.

Director A.F.

Problema suministro correas sistema aire acondicionado – necesidad importarlas

No sabemos con exactitud. Huelga Miami – retraso – licencia vencida. Prórroga licencia en trámite

Cuestión obtener prórroga – importar correas – instalarlas. Quizá 5 semanas

Aseguro no regatear medios terminar lo antes posible. Contar con nosotros

Director Comercial G.A.

¿Cuánto tiempo llegar?

Imprescindible sistemas listos principios junio. Lanzamiento nuevo modelo no retrasarse. ¿Cuándo calcula entrega sistemas?

Ya 3 mayo – plazo demasiado largo. Distribuidores esperan modelo 2 meses. ¿No medios despachar antes?

Escriba Vd.

1 La carta de Layco confirmando el primer telegrama a Aire Fríos.
2 Un telegrama de Aire Fríos a Layco avisándoles que tiene que obtener una prórroga de la licencia y que en caso de no obtenerla, la mercancía se expediría otra vez a Miami.
3 Rellene la solicitud de licencia de importación para las correas que se encuentra en el anexo, inventando los detalles que no se conocen.

Vocabulario

cumplimentar	*to carry out*
correa (*f*)	*fan belt*
precio (*m*) cotizado	*quoted price*
manguera (*f*)	*tube*
abastecer	*to supply*
repuesto (*m*)	*spare part*
automotriz (*adj*)	*car (adj)*
Pacto (*m*) Andino	*Andean Pact – common market of Venezuela, Colombia, Ecuador, Peru and Bolivia*
Ministerio de Fomento (*m*)	*Ministry of Economic Development*
inventario (*m*)	*inventory*
materia (*f*) prima	*raw material*
proveer	*to supply*
contratar	*to make a contract*
carta (*f*) de embarque	*bill of lading*
tripulación (*f*)	*crew*
prórroga (*f*)	*extension*
no regatear medios para . . .	*to spare no effort to . . .*

Anexo

ESTAMPILLA FISCAL Bs. 1,00	REPUBLICA DE VENEZUELA **M I N I S T E R I O D E F O M E N T O** DIRECCION GENERAL SECTORIAL DE COMERCIO DIRECCION DE ADMINISTRACION DEL SECTOR COMERCIAL SOLICITUD DE LICENCIA DE IMPORTACION	ESPACIO PARA RECEPTORIA DE CORRESPONDENCIA

IMPORTADOR	CLASE DE NEGOCIO O INDUSTRIA
DIRECCION COMPLETA DEL IMPORTADOR	TELEFONO DEL IMPORTADOR

DOMICILIO	ENTIDAD FEDERAL	PUERTO DE ENTRADA	No. DE LA PATENTE MUNICIPAL
			No. DEL REGISTRO DE COMERCIO

DESCRIPCION COMERCIAL DE LA MERCANCIA	A R A N C E L	TIPO DE UNIDAD	CANTIDAD	PESO EN Kg. BRUTO

PESO BRUTO EN Kg. (EN LETRAS)	TOTALES	
DATOS COMPLEMENTARIOS PAIS Y PUERTO DE ORIGEN:	CERTIFICADO DE SOLVENCIA DE IMPUESTO SOBRE LA RENTA	
CAMARA O ASOCIACION A LA CUAL PERTENECE:	NUMERO _____	
USO QUE LE DARA A LA MERCANCIA	TIPO _____ VENCIMIENTO ___ | ___ | ___	REVISADO POR:
OBSERVACIONES		

Caso 17
Galeano

Un caso de reorganización

Galeano y Compañía es una empresa que fabrica motores diesel para la industria pesada. Fue fundada y dirigida desde hace 20 años por el empresario D. Alberto Galeano, quien es el único propietario.

En los últimos 15 años, la empresa ha venido creciendo y ahora emplea más de 1.000 trabajadores. Conforme la firma iba creciendo a través de los años, D. Alberto conservaba las mismas atribuciones que al principio. Visitaba a los obreros, corregía el trabajo, valoraba los trabajos y llevaba los problemas de financiación y marketing. Los jefes de producción y de ventas y los supervisores se vieron muchas veces pasados por alto, sus decisiones anuladas.

Esto pudo ser posible antes. En los últimos años, D. Alberto ha tratado de suplir el desarrollo de la empresa a base de un trabajo muy duro pero, poco a poco, su salud ha ido empeorando.

Por añadidura, ha tenido que afrontar recientemente una serie de conflictos laborales que le han herido como si fuesen una traición por parte de sus trabajadores. Echa la culpa de los conflictos a las centrales sindicales (en Galeano y Cía., la mayoría de los obreros pertenecen a Comisiones Obreras y a UGT).

Hace dos meses, D. Alberto sufrió un ligero ataque cardíaco. Se vio obligado, por lo tanto, a crear un nuevo puesto directivo. Nombró a un director provisional cuya primera misión fue la de preparar unas recomendaciones para la reorganización de la empresa.

El nuevo director, al estudiar el funcionamiento de la empresa se encuentra con tres problemas fundamentales. El primero es el de la mentalidad directiva de D. Alberto, quien no quiere dejar el control de la empresa ni delegar ninguna función. El segundo problema es el de la financiación – el crecimiento de la empresa ha exigido nuevas fuentes financieras. En el momento actual el mercado para los motores diesel está en fase de expansión. Sin embargo, D. Alberto no quiere que el carácter de la empresa cambie mucho. Teme que al aumentar el número de accionistas vaya a aumentar el control sobre la empresa de elementos que son extraños. Por eso, D. Alberto ha acudido siempre al crédito de un banco (cuyo director es gran amigo suyo) para financiarse y no a las ampliaciones de capital en la Bolsa. Pero parece que D. Alberto no tiene más intención de buscar nuevos créditos para los inversiones que el futuro desarrollo de la empresa exige. Da la impresión de no querer que la empresa crezca más.

El tercer problema es el de conflictividad laboral. El nuevo director ha constatado que la raíz de los conflictos fue la introducción de un nuevo modelo de motor diesel. La producción del mismo ha supuesto la introducción de una serie de nuevos métodos de producción. Casi todos los conflictos hasta ahora han surgido en torno a la valoración de los nuevos trabajos. Parece que fue el mismo D. Alberto quien la estableció, basándose en la de las otras líneas de producción. Según el comité de empresa, se encuentran con unos puestos que tienen asignadas retribuciones inferiores a las que debería corresponderles.

El nuevo director es consciente de la testarudez de D. Alberto, pero sabe al mismo tiempo que la empresa se encuentra ante el dilema de reorganizarse o morir.

¿De qué se trata?

1 ¿Cuál ha sido el papel de D. Alberto hasta ahora?
2 ¿Por qué no ha podido seguir desempeñándolo por completo? Señale dos razones.
3 ¿Cuál es su actitud hacia las centrales sindicales?
4 ¿Por qué Galeano se ha financiado con préstamos bancarios hasta ahora?
5 ¿Qué es lo que sospecha el nuevo director de los planes futuros de D. Alberto?
6 ¿A qué se deben la mayoría de los conflictos laborales en la empresa?
7 ¿Hasta qué punto tiene D. Alberto la responsabilidad de los conflictos?

¿Cómo se dice?

1 Utilice las siguientes expresiones o palabras en frases suyas:
   –conforme – pasar por alto – suplir – acudir a – en fase de
2 *Ejemplo:* D. Alberto *echa la culpa* de los conflictos a las centrales sindicales.
   Cambie las siguientes frases empleando el verbo *echar.*
   –D. Alberto lamenta la desaparición de la lealtad que antes le tenían sus trabajadores.
   –D. Alberto miró brevemente el informe.
   –Había engordado en los últimos años.
   –Los conflictos arruinaron los planes de la dirección.
   –D. Alberto siempre quería ayudar en la producción.
   –La compañía se arraigó en los años sesenta.

¿Qué opina Vd.?

1 ¿Cuáles son las desventajas de la organización actual de la empresa?
2 Es Vd. el nuevo director. ¿Qué tipo de reorganización de la empresa recomendaría?
3 ¿Cómo se podría resolver el problema de la financiación?
4 ¿Qué papel podría hacer D. Alberto en el futuro de la empresa?

5 ¿Cómo podrían solucionarse los conflictos laborales?
6 Si se decide por una nueva valoración, ¿cómo se llevaría a cabo? ¿Cuáles son los factores básicos a tomar en cuenta en una valoración?
7 Supongamos que se ha realizado una valoración. Como parte de ella se hizo un cuadro de valoración por factores y grados de cuatro trabajos clave (véase anexo). Ponga en orden de importancia los factores que fueron considerados.
8 ¿Qué elementos podrían incluirse en el factor de condiciones de trabajo para trabajos de taller?

Anexo

Trabajos clave	Salario	FACTORES							
		Habilidad		Esfuerzo físico		Responsa- bilidad		Condiciones de trabajo	
		Grado	Pts	Grado	Pts	Grado	Pts	Grado	Pts
Peón	100	4	10	1	50	4	10	1	30
Taladrista	113	3	40	3	25	3	20	2	28
Matricero	145	1	60	2	30	1	30	3	25
Fresador	121	2	52	4	21	2	26	4	22

Y ahora . . . a Vd.

1 Un trabajador de Galeano, miembro del comité de empresa, habla con D. Alberto sobre el problema de la valoración, al empezar la nueva línea de producción.

Trabajador

Debe saber – trabajadores no satisfechos remuneración trabajos

No exagerar – problema – valoración trabajos nuevo camión

Ahí problema. Nuevos trabajos diferentes – necesario más pericia y juicio – reconocer esto con salario más alto
Hablo parte comité empresa – representa a trabajadores.
Conocemos bien trabajos

D. Alberto

Vds. siempre insatisfechos – siempre más dinero

Yo encargado personalmente valoración. No veo motivo insatisfacción. Valoración justa – equiparada con otras líneas fábrica

Sólo opinión suya

Posible pero ésta mi fábrica – esfuerzo mío a través años

No el problema. Repito necesario
negociar nuevos salarios – nueva línea

Excusa pedir más – antes ningún
problema – ahora falta respeto –
ambiente familiar desaparecido –
influencia centrales

Imposible tratar problemas laborales
a base insultos. Vd. darse cuenta cosas
cambiado. Vd. ya no rey aquí

Veremos. Yo digo – valoración justa –
ningún reajuste – ¡basta!

Comunicaré su actitud – advierto
consecuencias serias

2 El nuevo director habla con D. Alberto sobre las ventajas de una
reorganización y éste expone sus dudas y recelos.

D. Alberto

Director

Entiendo necesidad algunos cambios
– yo ya viejo – hace falta nueva sangre

Importante reorganizar – aprovechar
situación favorable mercado –
expansión

No quiero grandes cambios – no
quisiera cambiar carácter – tradición
de empresa

Hay que estar altura situación
mercado. Así, modernizar sin perder
carácter

¿Cuáles sus propuestas?

1 Reorganizar consejo dirección –
nuevos puestos – 2 Obtener nuevas
inversiones – crear sociedad anónima

Yo perder control – nueva gente –
junta de accionistas sin conocimientos
industria

Vd. quedar accionista mayoritario –
control sobre políticas – tenga cuenta
– sin nuevo capital – problemas
agudos

¿Sus propuestas respecto mi papel?

Presidente nuevo consejo –
asesoramiento – establecer políticas
empresa

Pensaré propuestas – muchas dudas

Entiendo preocupación – pero tener
cuenta si queda alternativa

Escriba Vd.

1 D. Alberto escribe una carta a su amigo, director del banco, quejándose de
los problemas que ha tenido en la empresa.
2 Escriba la parte de las recomendaciones del director provisional que trata de
los conflictos laborales.

Vocabulario

reorganización (*f*)	*rationalisation*
empresario (*m*)	*businessman*
atribución (*f*)	*power, function*
ataque (*m*) cardíaco	*heart attack*
acudir a	*to have recourse to*
la Bolsa (*f*)	*stock exchange*
valoración (*f*)	*job evaluation*
comité (*m*) de empresa	*shop stewards' committee*
testarudez (*f*)	*stubbornness*
central (*f*) (sindical)	*trade union*
cuadro (*m*) de valoración	*evaluation chart*
clave (*m*)	*key*
potenciar	*to realise the potential*
sociedad (*f*) anónima	*limited company*
socio (*m*)	*shareholder (or partner)*
asesoramiento (*m*)	*advice*
taladrista (*m*)	*borer*
matricero (*m*)	*mould-maker*
fresador (*m*)	*miller*
Comisiones (*f*) Obreras	*trade union linked to Spanish Communist Party*
Unión (*f*) General de Trabajadores (UGT)	*trade union linked to Spanish Socialist Workers' Party (PSOE)*

Caso 18

Iberia Construcciones

Un caso de indemnización

¡Un banco conocido se arriesga a un escándalo! ¡Trabajadores amenazados por el paro! Este es el caso de Iberia Construcciones S.A.

Esta empresa se fundó hace cinco años. Aunque jurídicamente independiente, pertenece al Banco del Sudeste, que posee íntegramente sus acciones. El Banco creó esta compañía con dos fines: 1. para construir sus sucursales;   2. para beneficiarse de una desgravación fiscal (parte de los beneficios de una empresa no tributan cuando se destinan a inversión en el sector inmobiliario). La empresa tiene un capital social bajísimo que asciende solamente a unos 330 mil pesetas.

Hace poco, dos factores impulsaron al banco a retirarse del sector inmobiliario. Con la crisis económica se ha vuelto más rentable prestar dinero que dedicarse a la construcción. Segundo, un pequeño banco que debía dinero al Banco ha quebrado dejándole 800 millones de pesetas de deuda. El Banco decidió dejar hundirse a Iberia Construcciones S.A. Ha ido suprimiendo las obras poco a poco.

El problema concierne al personal. La empresa tiene 13 trabajadores en nómina – el director general, un consejero delegado, un jefe de obra, una secretaria y arquitectos, delineantes y aparejadores. Se podría declarar la quiebra. Los negocios van pésimamente porque el Banco ha suprimido las obras, pero el hecho de que el dueño sea el Banco supone que se le podría denunciar por falsa declaración. Ya se rumorea que el Banco anda mal por lo del otro banco quebrado. El Banco del Sudeste quiere evitar un nuevo escándalo a todo coste. Por la misma razón, no puede despedir a los trabajadores sin que acudan a la magistratura que probablemente favorecería su readmisión.

El Banco quiere liquidar a todo el personal sin recurrir ni al despido ni a la quiebra de Iberia Construcciones S.A. Con este fin, el jefe de personal del Banco se presentó esta mañana en la empresa ofreciendo a cada trabajador una indemnización de dos meses de salario por cada año de trabajo en la firma.

Nota Según la ley, la indemnización por despido es la siguiente: en una firma con más de 20 empleados, es en dos meses de salario por año de trabajo y en una de menos de 20 trabajadores es en un mes. La empresa tiene también que pagar el finiquito, o sea, la parte proporcional de pagas extraordinarias (las pagas de las vacaciones y de los beneficios).

¿De qué se trata?

1 ¿Por qué se interesó el Banco en el sector inmobiliario?
2 ¿Por qué ha decidido abandonarlo ahora?
3 ¿Por qué no quiere el Banco que se declare la quiebra de Iberia Construcciones S.A.?
4 Al ofrecer indemnizar a los trabajadores de Iberia Construcciones,¿actúa el Banco de acuerdo con la ley de despido en cuanto a la cantidad que ofrece?
5 A base de su oferta,¿cuál sería la indemnización (sin contar el finiquito) de un arquitecto que ha trabajado tres años en la empresa con un sueldo de 1.000.000 al año?

¿Cómo se dice?

1 Escoja la palabra que más exactamente equivalga a la del texto:
  beneficiarse de una *desgravación*
  –descuento – reducción – rebaja
  800 millones de pesetas de *deuda*
  –pérdidas – pasivo – obligaciones financieras
  El Banco decidió dejar *hundirse* Iberia Construcciones
  –fracasar – derrumbarse – caerse
  parte de los beneficios no *tributan* . . .
  –se recogen – recaudan – cobran
  sin *recurrir* ni al despido ni a la quiebra
  –hacer uso de – acudir a – volverse a
2 Explique en otras palabras el sentido de las siguientes frases:
  El Banco creó esta empresa no tanto para fines inmobiliarios sino para beneficiarse de una desgravación fiscal.
  Al destinar a inversión en el sector inmobiliario, parte de los beneficios no tributan.
  El hecho de que el dueño sea el Banco supone que se le podría denunciar.

¿Qué opina Vd.?

1 ¿Qué opina Vd. del comportamiento del Banco en este caso?
2 ¿Cómo es la indemnización que ofrece?
3 ¿Se podría integrar a los trabajadores en la nómina del Banco?
4 ¿Deberían los trabajadores aceptar la indemnización del Banco e irse? Si no, ¿qué línea de acción podrían adoptar?
5 ¿Y el Banco?

Y ahora . . . a Vd.

1 El jefe de personal trata de persuadir a uno de los arquitectos a que acepte la indemnización.

Jefe de personal	*Arquitecto*
Ya sabe – situación difícil – Iberia – problemas. Imposible continuar. Indemnización – 2 meses por año de trabajo. ¿Vd. cuánto tiempo empresa?	
	5 años
Así 10 meses indemnización	Poco
Más que normal – un mes por año	Quedarse sin trabajo peor – cualquier buena oferta
Vd. no entiende situación desesperada – no pedidos	Vds. suprimido obras – sólo piensan sus intereses
¿Acepta o no indemnización?	No compensa
Alternativa – declarar quiebra – despedir a Vds.	No puede amenazar con despido – en magistratura nosotros – la razón. Vd. tragarse palabras
¡No sea tan porfiado! ¿Qué podemos hacer?	Aumentar indemnización – mucho paro – indemnización durará máximo año. ¿Después?
Ver si posible aumentar cantidad	

2 Algunos trabajadores de Iberia Construcciones se reúnen para discutir la oferta del Banco. Unos favorecen la aceptación de la oferta a base de los siguientes argumentos:
   –No podemos hacer nada. Si el Banco declara la quiebra nos darán menos dinero. No me gusta este trabajo, de todas formas. Me han ofrecido otro puesto, etc. . . .
   En cambio, los otros insisten en rechazar la oferta. Señalan que:
   –La ley nos apoyará. El Banco quiere evitar un escándalo. Hay mucho paro. Hay que estar unidos. Quizás el comité de empresa nos apoye. Es una injusticia y tenemos todo derecho a luchar. Al menos podemos conseguir indemnizaciones más altas . . .

Escriba Vd.

1 Una carta del Banco a cada trabajador de Iberia Construcciones, explicando la situación y ofreciendo la indemnización.
2 Un artículo (de unas 200 palabras) en un periódico de tendencia izquierdista sobre el asunto de Iberia Construcciones.

Vocabulario

indemnización (*f*)	*redundancy payment*
desgravación (*f*) fiscal	*tax rebate*
tributar	*to pay taxes*
beneficio (*m*)	*profit*
capital (*m*) social	*share capital*
quiebra (*f*)	*bankruptcy*
quebrar	*to go bankrupt*
pasivo (*m*)	*liabilities*
hundirse	*to collapse*
nómina (*f*)	*payroll*
consejero (*m*)	*consultant*
jefe (*m*) de obra (*f*)	*works manager*
aparejador (*m*)	*quantity surveyor*
magistratura (*f*) laboral	*industrial tribunal*
liquidar	*to pay off*
despido (*m*)	*sack*
finiquito (*m*)	*salary settlement*
aumento (*m*) lineal	*across-the-board increase*
porfiado	*stubborn*

Caso 19

Covin

Un caso de inversión y comercialización

Covin es una cooperativa agrícola dedicada a la producción y distribución de vino. Está formada por treinta pequeños viticultores que cultivan en conjunto sus viñedos para después producir el vino en su bodega situada en Haro (Logroño) en la Rioja Alta.

Hace diez años aproximadamente, los treinta viticultores se unieron en cooperativa como socios, aportando cada uno capital y trabajo. El capital fundacional de la cooperativa fue de 300 millones de pesetas, a razón de 10 millones por socio cooperativista. Se valoró la entrega de los terrenos y maquinaria agrícola de cada uno de ellos, completándose su aportación con dinero. Jorge Pizarro por ejemplo, entregó viñedos en explotación valorados en cuatro millones, maquinaria agrícola por un millón y medio y, en efectivo, cuatro millones y medio. Pepe Machado, en cambio, que tenía un viñedo grande valorado en 10 millones, no aportó nada en efectivo. Las aportaciones en efectivo de los socios se fueron realizando a lo largo de cinco años.

Los beneficios se reparten entre ellos, o se dejan como reservas. Si hay pérdidas, los socios tienen que aportar los fondos para compensarlas. La cooperativa tiene un comité de dirección de cinco viticultores elegidos entre los socios. Todos los socios reciben el sueldo normal del sector privado de la industria vinícola.

Hasta el momento, Covin ha vendido su producción tan sólo en la zona riojana y parte del norte de España. Sus vinos ya gozan de una buena reputación en estas zonas por su calidad, variedad y precio. El incremento de las ventas en los dos últimos años ha convencido a la mayoría de los socios de que pueden competir en el mercado nacional a pesar de que no se conozca la marca a este nivel. Por eso, la cooperativa quiere llevar a cabo una fuerte expansión de sus ventas en todo el mercado nacional. Planea para ello la actividad de los siete próximos años en orden a tomar las decisiones oportunas.

Ante el previsto aumento de la producción, la empresa tiene dos posibilidades: comprar un terreno y plantar nuevos viñedos o comprar uva de otros viticultores.

La cooperativa también encargó a la sociedad Barreiros que realizase un estudio de mercado sobre la posibilidad de introducir los vinos en todo el territorio nacional. Las conclusiones más importantes de este estudio dan a entender que:

1 Hay dos tipos de vino Rioja, el común y el que posee la denominación de origen. Para gozar de ésta, es indispensable que el vino haya sido totalmente producido en la zona riojana además de tener una antigüedad superior a los dos años. La bodega de Covin está preparada para producir tanto vinos comunes como vinos con denominación de origen.

2 El mercado de los vinos con denominación de origen está dominado por las grandes firmas como Paternina, Marqués de Riscal y Age. La diferencia entre estos vinos viene establecida por la calidad sin importar demasiado el precio.

3 En los vinos comunes riojanos, el factor de decisión más importante es el del precio. El consumidor estima que todos ellos son de una calidad similar.

¿De qué se trata?

1 ¿Aportaron los socios el capital fundacional en especie?
2 ¿Cuándo se realizaron sus inversiones en efectivo?
3 ¿Cómo se organiza la cooperativa con respecto a:
 –finanzas – producción – dirección?
4 ¿Qué es lo que el consumidor medio exige de los vinos riojanos, según el estudio de mercado?
5 ¿Qué desventaja padece Covin en cuanto a la comercialización de sus vinos en el mercado nacional?
6 ¿Cuáles son las características de un vino que posee la denominación de origen?

¿Cómo se dice?

1 Utilice las siguientes expresiones o palabras en frases suyas:
 –a razón de – en orden a – en conjunto – las decisiones oportunas – tan sólo – gozar
2 *Ejemplo:* Las conclusiones *dan a* entender que . . .
 Cambie las siguientes frases sustituyendo el verbo *dar* por las palabras en cursiva:
 –Pepe *encontró inesperadamente* a Jorge en la calle.
 –El cultivo de la vid *iba* bien aquel año.
 –Pepe *informó* a los periodistas de la decisión de Covin.
 –*Comprendieron* que podían vender su vino a escala nacional.
 –En la reunión, los socios *se estrecharon* la mano.
 –Pepe *acertó* cuando dijo esto, porque era exactamente así.
 –No *podía recordar* el nombre del otro socio.
 –El problema es que uno de los viticultores no *quiere* trabajar para la expansión.
 –Hasta dijo una vez, '*No me importa*'.
 –La bodega de Covin *está a unos pasos del* río Ebro.

¿Qué opina Vd.?

1 ¿Qué tipo de vino de Covin aconsejaría Vd. para comercializar en el mercado nacional?

2 ¿Qué canal de distribución aconsejaría Vd. de acuerdo con el tipo de vino elegido?

3 ¿Qué tipo de promoción haría Vd. teniendo en cuenta que no hay los fondos para una gran campaña?

4 El terreno para la posible expansión costaría 2.000 millones de pesetas estimándose que al final del séptimo año podrían obtenerse 2.900 millones por su venta. Indique si la empresa debe llevar o no a cabo la inversión en el terreno. Su coste del capital es del 10%. Las generaciones netas de caja proveniente de su explotación así como el valor de las inversiones adicionales a realizar en viñedos vienen expresados en las columnas 1 y 2 del anexo.

5 Suponiendo que la empresa se ha decidido por la compra del terreno, calcúlese el montante del préstamo a solicitar en el momento inicial para hacer frente a las necesidades de caja de los próximos siete años. Se sabe que durante el primer año es necesario invertir 750 millones de pesetas en gastos de ampliación de la bodega y en las nuevas delegaciones de distribución. El resto de los pagos e ingresos son los que aparecen en las columnas 3, 4 y 5 del anexo.

6 Calcúlense las cantidades que puede devolver cada año la empresa al banco y el valor final de la deuda.

Anexo

Años	1	2	3	4	5	6	7
1. Inversiones adicionales en viñedos	25	10	–	–	–	–	–
2. Generaciones netas de Caja	–	–	100	225	305	400	425
3. Compra vino a otros viticultores	150	175	95	–	–	–	–
4. Resto de gastos	300	300	325	325	350	380	400
5. Ingresos por la venta del vino	300	350	390	450	610	800	850

Nota   No se tienen en cuenta los impuestos ni los intereses del préstamo.

Y ahora . . . a Vd.

1 Jorge Pizarro, uno de los treinta viticultores de Covin, se muestra poco dispuesto a la expansión de las ventas. Pepe Machado intenta convencerle.

Jorge	*Pepe*
Hablarte nueva decisión. Yo preocupado – no sé si continuar Covin. Tal expansión no entraba en planes	
	Necesidad crecer – hacer frente competencia. Buen momento iniciar expansión
Competencia grandes marcas – Age – Riscal. Nadie nos conoce	
	Por aquí nuestro vino apreciado. ¡Confianza! Competitivo porque barato relación otros vinos
Nosotros no como otras empresas. Cooperativa – no sociedad privada. Estos planes – cambiar fines y naturaleza	
	Necesario ser realistas. Si no crecer – hundir – aunque cooperativa – necesario competir. Significa ampliar clientes – aumentar ventas
Yo no seguro. No capitalista – yo labrador	
	Sin ti – difícil. Necesario todos juntos. ¡Ánimo! ¡Verás – andar bien!

2 Es el día del lanzamiento de los vinos Covin en el mercado nacional. Los socios celebran el acto con una cena. Vd., que forma parte del comité de dirección, pronuncia un discurso de sobremesa. Utilice algunas de las siguientes expresiones:

Distinguidos colegas y amigos . . .
Constituye para mí una gran satisfacción . . .
Aprovecho la ocasión para elogiar el papel desempeñado por . . .
Les agradezco mucho la oportunidad que me han brindado para . . .
En aquel entonces nunca habríamos imaginado . . .
Con mucho gusto quiero expresar mi felicitación más efusiva a . . .
Quisiera expresar, por último, la satisfacción que siento al ver . . .
En los próximos meses espero . . .
Podemos afrontar el futuro con una base segura . . .
Alcemos las copas y brindemos: ¡Por nuestra cooperativa!

3 El comité de dirección de Covin celebra una rueda de prensa en el día del lanzamiento.

Periodistas	*Miembros del comité*
	Bienvenidos nuestra cooperativa. Momento emocionante. Hoy vino Covin vendido muchas partes España – Luego brindamos – Vds. oportunidad probar nuestro vino. De momento, ¿preguntas?

Muchos vinos riojanos – mercado.

¿Qué especial su vino?

Sabor – cuerpo. Ya buena reputación – precio competitivo

¿Qué publicidad? Visto nada televisión

Nosotros no recursos grandes – Publicidad TV alto precio

¿Cómo vender vino entonces?

Publicidad punto venta. Seguros éxito vino una vez probado clientes

¿Cómo competir grandes marcas?

Confiamos calidad – precio

Escriba Vd.

1 Una nota en el periódico local, describiendo brevemente la rueda de prensa.
2 Redacte el cuestionario con la ayuda del cual se habría podido llevar a cabo el estudio de mercado antes citado.

Vocabulario

vid(f)	*vine*
viticultor (m)	*vine grower*
viñedo (m)	*vineyard*
bodega (f)	*wine cellar*
capital (m) fundacional	*founding capital*
aportación (f)	*contribution*
en explotación (f)	*under cultivation*
reserva (f)	*reserve*
incremento (m)	*increase*
en orden a	*with regard to*
denominación (f) de origen	*appellation contrôlée*
rueda (f) de prensa	*press conference*
acaparado	*monopolised*
generación (f) de caja	*net cash flow*
tabla (f) financiera	*financial table*
factor (m) de actualización	*depreciation factor*
valor (m) adicional neto (VAN)	*net added value*
tasa (f) de rendimiento interno	*internal rate of return*
tanteo (m)	*rough calculation*

Caso 20
Merrit-Falmer

Feria industrial

Primera parte

Este año se celebra una gran feria internacional en Guadalajara, México, bajo el título de Exposición Internacional de Maquinaria Industrial. El Consejo Británico de Comercio Exterior patrocina un pabellón en la feria en el cual varias de las más importantes empresas británicas exhibirán sus productos.

La exposición se celebra en el Palacio de Exposiciones de Guadalajara y durará 10 días. Los 30.000 metros cuadrados de superficie del Palacio se ven complementados por bares, delegaciones bancarias, tiendas y suites para invitar a los clientes. Los portalones de acceso permiten a los vehículos de reparto efectuar sus entregas directamente a los pabellones. Todos los servicios necesarios – electricidad, gas, agua, aire comprimido y teléfono – están canalizados bajo el piso hasta cada uno de los stands. El Consejo Británico ha suministrado stands a cada uno de los expositores británicos dentro del pabellón. Estos están construidos a base de un moderno sistema modular de aluminio, incluyendo paredes traseras y divisorias y vigas para el techo. El sistema ha sido proyectado para fijar focos o accesorios luminosos fluorescentes.

El Palacio esté clasificado durante la temporada de la exposición como una zona aduanera para la importación temporal de productos a exponer. No se pagarán derechos aduaneros para los productos que no se venden. En el caso de una compra, el cliente mexicano tendrá que obtener una licencia de importación y pagar los derechos aduaneros y los corretajes correspondientes.

Entre los expositores británicos se encuentra la empresa Merrit-Falmer Ltd., fabricantes de maquinaria industrial. Hace un año esta empresa ganó el 'Queen's Award for Industry' para el éxito que obtuvo en sus exportaciones. Es la primera vez que la compañia intenta comercializar sus productos en México y todavía no ha obtenido un distribuidor en el país. Ha expedido un modelo de una de sus carretillas elevadoras, la llamada 'Husky', para exponer en la feria así como maquetas de sus principales productos, un modelo de motor y un sistema hidráulico. Gran parte de su publicidad irá dedicada a su nuevo modelo de excavadora cargadora 50B por medio de fotos y folletos.

El stand de Merrit-Falmer consistirá en un estrado giratorio en el cual se expondrá la carretilla elevadora. Al otro lado del pasillo, se situará el stand propio donde vendrán expuestos las maquetas, modelos, fotos, folletos y demás publicidad. Aparte de las instalaciones ya mencionadas, el Consejo Británico puede suplir muebles para el interior de los stands.

Segunda parte

Estamos a mediados de la feria. Se ha mostrado un interés vivo en los productos de Merrit-Falmer, que ha recibido ya varios pedidos. Los representantes de la empresa británica han encontrado a los directores de una compañía mexicana interesada en distribuir sus productos. Otra firma, también mexicana, está interesada en una coinversión para la manufactura de ciertos productos de Merrit-Falmer. Una tercera compañía propone fabricar la excavadora 50B bajo licencia. Las tres compañías son:

1 **Comasa.** Es una empresa industrial con factorías en México D.F., Monterrey, Tampico y Guadalajara. Se dedica a la fabricación de ascensores, montacargas, grúas fijas y elevadores de todo tipo para edificios comerciales e industriales y para todo tipo de industria en general. Está interesada en una coinversión con Merrit-Falmer para complementar su gama actual. Es una empresa en crecimiento con gran penetración en su mercado. Vende y distribuye sus productos por medio de diez delegaciones propias y un buen equipo de vendedores extendidos por todo el territorio del país.

2 **Distribuidores Azteca S.A.** Esta empresa distribuye maquinaria pesada de todo tipo para obras de construcción y para grandes empresas. Trabaja en la actualidad con dos compañías americanas líderes en estos sectores. Tiene en su cartera de clientes a los más importantes compradores del país, a través de sus delegaciones propias en todas las capitales más importantes de los Estados de México. El departamento financiero de Merrit-Falmer ha recabado información acerca de la solvencia económica de esta empresa a sus dos suministradores americanos. La respuesta en ambos casos ha sido altamente positiva.

3 La empresa **Ruiz Navarro S.A.** fabrica una amplia gama de maquinaria agrícola, a través de varias licencias norteamericanas. Ahora ve la posibilidad de ampliar su mercado en el sector industrial por lo cual está muy interesada en fabricar los productos de Merrit-Falmer bajo licencia. Su actual capacidad de producción es limitada pero, caso de obtener la licencia, realizaría una expansión inmediata.

¿De qué se trata?

1 ¿Cómo está organizado el pabellón británico?
2 ¿Cuáles son las reglamentaciones para la exposición y venta de los productos?
3 La empresa Ruiz Navarro ¿tiene experiencia ya en el ramo de productos de Merrit-Falmer?
4 ¿Cuáles son las distintas clases de contrato que ofrecen las tres empresas mexicanas?

5 Si Merrit-Falmer se decide por la coinversión en Comasa ¿qué proporción de capital podría invertir en esta actividad según la ley mexicana? (véase anexo 4).

6 ¿Qué porcentaje del capital total de Comasa podría adquirir?

7 ¿En qué condiciones podría invertir más de la cifra tope para inversiones extranjeras en esta rama?

¿Cómo se dice?

1 Defina las siguientes palabras:
   –corretajes – patrocinar – cartera de clientes – viga – recabar – suites – proyectar – maqueta

2 Utilice las siguientes expresiones en frases suyas de modo que ilustren su significado:
   – equipararse – complementar – efectuar – caso de – tope

3 Traduzca las especificaciones de las carretillas elevadoras (véase anexo 1).

Anexo 1

MERRIT-FALMER

Stand nº05

carretillas elevadoras

Hawk
Potente, compacta, sumamente maniobrable, con capacidades de 1.815 kgs., 2.270 kgs., 2.720 Kgs. y 3.170 kgs. a 610 mm. centro de gravedad.

Merlin
(modelos con neumáticos y con ruedas super-elastic) Ultima versión de carretillas agregada a la gama Diesel, con capacidades de 1.360 kgs., 1.815 kgs. y 2.268 kgs. a 610 mm. centro de gravedad.

Husky
Serie de cinco modelos con capacidades desde 3.630 kgs. hasta 6.300 Kgs. a 610 mm. centro de gravedad. El radio de giro de 2.540 mm. para el modelo de 5.440 kgs. representa una maniobrabilidad insuperable. Amplia gama de acoplamientos y transformaciones.

Hercules & 26/28
Gama para cargas de pesos intermedios con mástil apropiado para gran variedad de aplicaciones. Desde 6.800 Kgs. hasta 11.795 Kgs. a 610 mm. centro de gravedad; además existe un modelo con distancia entre ejes superior.
La carretilla 26/48 cubre las necesidades de transporte de grandes cargas y tiene una capacidad de 11.795 kgs. a 1.220 mm. centro de gravedad.

Heron
Dos capacidades—un modelo que mueve hasta 15 tns. (15.250 Kgs.) a 1.220 mm. centro de gravedad— y otro para 13.600 kgs. a 1.220 mm. centro de gravedad. Ambas máquinas llevan el cilindro basculador del mástil situado en la par te superior.

Anexo 2

MERRIT-FALMER
Excavadora cargadora 50B

Stand nº05

Resumen de las especificaciones

Frenos de servicio y estacionamiento combinados.
Estabilizadores hidráulicos independientes en bastidor de la excavadora.
La potencia de la excavadora se puede bloquear en cualquier posición.
Piso plano para facilidad de movimientos en la cabina.
Asiento giratorio para cambio rápido de la posición de cargue a la de excavación.
Instrumentos completos.
Peso de funcionamiento (sin cabina) 5750 kg.
Cabina de seguridad aprobada disponible, completa con: calentador, luces, luz interior. limpiaparabrisas, insonoración.

Profundidad de excavación (máx.) 4780 mm.
Capacidad de elevación de la excavadora (extensión total, sin el cucharón) 860 kg.
Fuerza de excavación de la excavadora (IEMC) 4050 kg.
Capacidad de elevación de la cargadora (altura total con cucharón) 2120 kg. SAE.
Fuerza de penetración de la cargadora (SAE) 3445 kg.
Motor Diesel Perkins A4.212,62 bhp (potencia efectiva bruta).
Opción de Inversion Instantánea con transmision de convertidor de par.
Eje trasero en hierro fundido con frenos de disco al baño de aceite con 5 platos.

MAQUINARIAS AGRICOLAS DE CONSTRUCCION Y PARA MOVIMIENTO DE TIERRA

¿Qué opina Vd.?

1 Vd. es adjunto al jefe de ventas de Merrit-Falmer. Como tal, ha sido encargado de montar el stand de la compañía. ¿Cómo organizaría:
   –la presentación del stand – el personal – la publicidad?

2 En el caso de que encuentre Vd. empresas interesadas en distribuir los productos de Merrit-Falmer ¿qué criterios deberían usarse para la selección de un distribuidor? ¿Cómo podría Vd. informarse de sus características?

3 ¿Cuáles son las ventajas e inconvenientes para Merrit-Falmer de cada una de estas situaciones:
   –coinversión con Comasa
   –fabricación en México bajo licencia por Ruiz Navarro
   –fabricación en Inglaterra y distribución en México por Azteca?
   Compare estas tres posibilidades entre sí y elija una de ellas.

4 Merrit-Falmer dispone en este momento de dos millones de libras esterlinas, con los que puede llevar a cabo a alguna de las tres posibilidades de expansión antes descritas. En caso de que alguna de estas alternativas no precise inversión del total de los dos millones, la parte sobrante se invertirá en la actividad normal de la empresa, en la que la empresa espera obtener un rendimiento del 10%, igual al que vienen obteniendo estos últimos años. El coste del capital para Merrit-Falmer es asimismo del 10%. Los datos de que dispone la empresa para tomar su decisión son los siguientes:

–coinversión en Comasa. La inversión por parte de Merrit-Falmer sería de dos millones de libras y los cash flows netos correspondientes a Merrit-Falmer son los que aparecen en la primera columna del anexo 3. El valor neto estimado de la inversión de Merrit-Falmer al final del décimo año es de tres millones de libras.

–distribución por medio de Distribuidores Azteca. Es necesaria una inversión de 500 mil libras en las instalaciones de Inglaterra para aumentar, en grado suficiente, la capacidad productiva de la empresa. Los cash flows netos que se obtienen son los que aparecen en la segunda columna del anexo 3. El valor neto estimado de la inversión al final del décimo año es de 1.400.000 libras.

–fabricación bajo licencia por medio de la empresa Ruiz Navarro. Merrit-Falmer no precisa llevar a cabo ninguna inversión en esta alternativa, por lo que invierte el total de sus dos millones disponibles en la actividad normal de su empresa. Ruiz Navarro se ha comprometido a vender las cantidades que aparecen en la tercera columna del anexo 3. Merrit-Falmer recibirá el 8% neto sobre el valor de las ventas.

De acuerdo con estos datos, ¿cuál de las alternativas llevaría Vd. a cabo?

5 Sabemos que Comasa tiene un capital social de tres millones de libras.¿Qué problemas surgirán en el caso de que:

–Merrit-Falmer invierta dos millones de libras en Comasa?

–Merrit-Falmer invierta tres millones y medio de libras?

¿Cómo solucionaría estos problemas en ambos casos de acuerdo a cumplir la legislación mexicana y no perder Merrit-Falmer el dominio sobre la fabricación de sus productos en México? (véase anexo 4)

Y ahora . . . a Vd.

1 Un visitante mexicano del stand de Merrit-Falmer expresa interés en los productos de la compañía. A base de las especificaciones menos técnicas de los productos (resumidos en los anexos 1 y 2), realice la conversación entre el visitante y el encargado de Merrit-Falmer.

El visitante desea conocer los siguientes datos:

– ¿Qué modelos de carretillas elevadoras produce Merrit-Falmer?

– ¿Cuáles son las capacidades de cada una?

– ¿Cuáles son sus calidades?

– ¿Qué tipo de motor lleva la excavadora 50B?

– ¿Cuál es su peso? ¿Qué lleva en la cabina?

– ¿Cuál es la profundidad máxima de excavación?

– ¿Qué tipo de estabilizadores lleva? etc.

2 Vd. es intérprete en el stand de Merrit-Falmer. Otro visitante mexicano hace las mismas preguntas. Esta vez, el técnico inglés que atiende el stand no conoce el español. Interprete entre él y el mexicano.

3 El adjunto al jefe de ventas de Merrit-Falmer habla con el encargado de la compañía mexicana contratada para construir el stand. Este ha visto ya los diseños de stands de Merrit-Falmer y quiere saber algunos detalles:
   – ¿de qué muebles dispone la empresa?
   – ¿qué tipo de alumbrado quiere?
   – ¿dónde se quieren colocar los objetos a exponer?
   – ¿qué clase de decoración quiere? (por ejemplo, ampliaciones de fotos en los muros)

Escriba Vd.

1 Una nota informativa sobre la compañía y sus productos que pudiera interesar a la prensa.

2 Una carta al banco de Distribuidores Azteca pidiendo informes respecto a su solvencia.

3 Un cartel a colocar a la entrada del stand dando informaciones sobre la compañía y sus productos.

4 Un breve artículo aparecido en una revista técnica mexicana sobre Merrit-Falmer y su participación en la feria.

Anexo 3

Años	£ Cash Flow Coinversión	£ Cash Flow Distribución	£ Ventas Fabricación Licencia
1	150.750	20.000	335.000
2	166.500	23.000	370.000
3	184.500	26.200	410.000
4	204.750	29.600	455.000
5	225.000	31.300	500.000
6	247.500	33.300	550.000
7	274.500	35.500	610.000
8	301.500	38.000	670.000
9	333.000	40.400	740.000
10	371.250	44.200	825.000

Anexo 4

Ley para promover la inversión mexicana y regular la inversión extranjera – Extractos

ARTÍCULO 1. Esta ley es de interés público y de observancia general en la República. Su objeto es promover la inversión mexicana y regular la inversión extranjera para estimular un desarrollo justo y equilibrado y consolidar la independencia económica del país.

ARTÍCULO 2. Para los efectos de esta ley se considera inversión extranjera la que se realice por:

I. Personas morales extranjeras;

II. Personas físicas extranjeras;

III. Unidades económicas extranjeras sin personalidad jurídica; y

IV. Empresas mexicanas en las que participe mayoritariamente capital extranjero o en las que los extranjeros tengan, por cualquier título, la facultad de determinar el manejo de la empresa.

Se sujeta a las disposiciones de esta ley, la inversión extranjera que se realice en el capital de las empresas, en la adquisición de los bienes y en las operaciones a que la propia ley se refiere.

ARTÍCULO 5. En las actividades o empresas que a continuación se indican, la inversión extranjera se admitirá en las siguientes proporciones de capital:

a) Explotación y aprovechamiento de sustancias minerales:

Las concesiones no podrán otorgarse o trasmitirse a personas físicas o sociedades extranjeras. En las sociedades destinadas a esta actividad, la inversión extranjera podrá participar hasta un máximo de 49% cuando se trate de la explotación y aprovechamiento de sustancias sujetas a concesión ordinaria y de 34% cuando se trate de concesiones especiales para la explotación de reservas minerales nacionales,

b) Productos secundarios de la industria petroquímica: 40%,

c) Fabricación de componentes de vehículos automotores: 40%, y

d) Las que señalen las leyes específicas o las disposiciones reglamentarias que expida el Ejecutivo Federal.

En los casos en que las disposiciones legales o reglamentarias no exijan un porcentaje determinado, la inversión extranjera podrá participar en una proporción que no exceda del 49% del capital de las empresas y siempre que no tenga, por cualquier título, la facultad de determinar el manejo de la empresa.

La Comisión Nacional de Inversiones Extranjeras podrá resolver sobre el aumento o la disminución del porcentaje a que alude el párrafo anterior, cuando a su juicio sea conveniente para la economía del país y fijar las condiciones conforme a las cuales se recibirá, en casos específicos, la inversión extranjera.

La participación de la inversión extranjera en los órganos de administración de la empresa, no podrá exceder de su participación en el capital.

Cuando existan leyes o disposiciones reglamentarias para una determinada rama de actividad, la inversión extranjera se ajustará a los porcentajes y a las condiciones que dichas leyes o disposiciones señalen.

ARTÍCULO 8. Se requerirá la autorización de la Secretaría que corresponda según la rama de actividad económica de que se trate, cuando una o varias de las personas físicas o morales a que se refiere el artículo 2, en uno o varios actos o sucesión de actos, adquiera o adquieran más del 25% de capital o más del 49% de los activos fijos de una empresa. Se equipara a la adquisición de activos, el arrendamiento de una empresa o de los activos esenciales para la explotación.

También deberán someterse a autorización los actos por medio de los cuales la administración de una empresa recaiga en inversionistas extranjeros o por los que la inversión extranjera tenga, por cualquier título, la facultad de determinar el manejo de la empresa.

Las autorizaciones a que se refiere este artículo se otorgarán cuando ello sea conveniente para los intereses del país, previa resolución de la Comisión Nacional de Inversiones Extranjeras.

Serán nulos los actos que se realicen sin esta autorización.

Vocabulario

feria (f) industrial	*trade fair*
patrocinar	*to sponsor*
portalones (m)	*gates*
reparto (m)	*delivery*
aire (m) comprimido	*compressed air*
canalizados	*channelled*
salidas (f)	*outlets*
trasero	*rear*
divisoria	*dividing*
vigas (f)	*beams*
proyectar	*to design*
foco (m)	*spotlight*
zona (f) aduanera	*customs area*
derechos (m) aduaneros	*customs tariffs*
corretajes (m)	*brokerage*
carretilla (f) elevadora	*fork-lift truck*
maqueta (f)	*model*
excavadora (f) cargadora	*excavator*
estrado (m) giratorio	*revolving platform*
coinversión (f)	*joint-venture agreement*
fabricar bajo licencia (f)	*to manufacture under licence*
montacargas (f)	*hoist*
grúa fija (f)	*stationary crane*
recabar	*to ask for*
maniobrable	*manoeuvrable*
neumático (m)	*tyre*
alumbrado (m)	*lighting system*
radio (m) de giro	*lock (of vehicle)*
acoplamiento (m)	*coupling, joint*
mástil (m)	*mast*
eje (m)	*axle*
bastidor	*frame*
insonoración (f)	*sound-proofing*
cucharón (m)	*scoop*

Part 2   Notas sobre los casos

Caso 1: Montemar

¿Qué opina Vd.?

1 Línea de acción posible. Pero sería mejor reservar el billete de tren para estar seguro.
2 No aconsejable. Es joven y tiene poca experiencia en la empresa. Se trata de clientes importantísimos.
3 Desde Almería el tren de las 13.55 para Madrid (hora de llegada 22.15). Desde Madrid el tren de las 23.35 para Bilbao. Llegada a las 8.31. Haría falta al menos una hora para llegar al hotel que está lejos de la estación. Llegaría entonces con una hora de retraso.
4 Es indudable que, tratándose de importantes clientes en su primera relación con la empresa, no resulta muy oportuno retrasar la reunión por mucho tiempo. No sería aconsejable esperar hasta que termine la huelga ya que habría que dar unas fechas exactas para la próxima reunión. El viaje en tren, aunque agotador, es perfectamente posible. Sería cuestión entonces de aplazar la reunión por una hora.
5 Hacer una reserva del tren en coche-cama, cancelar el billete de avión, telefonear al hotel Vizcaya para cambiar la reserva de la habitación, ponerse en contacto con Luisa Barrena lo más pronto posible el lunes, preparar el nuevo itinerario de Villalba.
6 Podría ir en su propio coche o alquilar un coche con chófer.

Caso 2: Soria

¿Qué opina Vd.?

1 No tiene un sueldo fijo. Tiene que recorrer largas distancias y como no tiene coche, tiene que viajar en metro o en autobús, lo que le supone mucho tiempo y dinero. Corre el peligro también de que la gente no esté en casa o no quiera pagar la letra.
2 Para el trabajador – cansancio mental y físico, falta de vida familiar y social, falta de tiempo libre, etc. En general – los pluriempleados ocupan puestos que podrían tener trabajadores parados. No es posible que cumplan bien con su trabajo; el pluriempleo influye negativamente en la productividad. Tiende a deprimir los salarios en general, ya que el pluriempleado no depende de un solo sueldo. Hay que señalar que en ciertas profesiones existe una disposición que establece que los que tengan dedicación exclusiva a una profesión no pueden tener otra.
3 Sería mejor que dejase el trabajo como cobrador de letras porque es un trabajo inseguro e inconveniente que además le ocasiona altos gastos de desplazamiento. No está controlado por la Seguridad Social al no haber contrato de trabajo escrito entre Alejandro y su contratante. En cambio en el otro trabajo, Alejandro se jubilará dentro de nueve años, recibirá una

pensión y ciertas ventajas sociales – descuentos en los transportes, acceso preferente a viviendas y préstamos del Estado.
4 Le ocasionará problemas financieros ya que necesita los dos sueldos. Tendría que reducir sus gastos o buscar otra fuente de ingresos como el trabajo de Javier.
5 Si la familia está muy necesitada de dinero, Javier podría seguir estudiando en una clase nocturna.

Caso 3: Jay

¿Qué opina Vd.?

1 Las condiciones de garantía hacen constar que no se puede hacer una reclamación cuando, como en este caso, no se han observado las instrucciones de montaje.
2 Legalmente sí. Depende de si Jay esta preparado a tomar en cuenta el evidente descuido del detallista en no proporcionar instrucciones de montaje ni en dar explicaciones en el momento de la entrega de la lavadora.
3 Tendría que seleccionar a los detallistas con más criterio, en base a su profesionalidad y prestigio comercial (y a su solvencia).
4 Debería asegurarse de que exista en el punto de venta toda la información posible como folletos, datos técnicos, etc. sobre el uso y la instalación de las lavadoras. Podrían organizarse allí incluso demostraciones al público.
5 No es necesario, pero ayudaría a la promoción del producto tener un servicio de puesta en marcha a domicilio, con información y asesoría en el momento de iniciarse el uso de la lavadora.

Caso 4: Serco

¿Qué opina Vd.?

1 Los operarios hacen las piezas indicadas por la empresa, sobrándoles tiempo. Significa esto que o bien fuerzan la máquina o bien cambian el procedimiento. De todas formas es seguro que aumentan averías, errores y consumo de herramientas.
2 Tienen la posibilidad de poder hacer su trabajo con libertad. No quieren ser controlados de tal forma, ni estar forzados a que les bajen los tiempos asignados a cada pieza, es decir a hacer más piezas por semana.
3 Sería aconsejable ponerle para que prepare el trabajo de los demás porque es capaz de pensar procedimientos mejores que los que tiene la empresa.
4 Sería mejor negociar, ofreciendo de pagar más por el número de piezas a cambio de poner el nuevo sistema.
5 Debería demostrarles que están realizando mal el trabajo causando daños a

la empresa por piezas mal hechas, rotura de herramienta y maltratamiento de máquina y por lo tanto está obligado a poner este sistema.
6 La solución es relacionar el dinero que ganan los operarios con el número de piezas hechas, la calidad de las mismas y la conservación de las máquinas.

Caso 5: Klein

¿Qué opina Vd.?

1 El horario de una empresa se establece para la comodidad de los clientes y para asegurar que todos los trabajadores hagan su parte del trabajo. El abuso de él no es justo ni para los clientes, ni para aquellos trabajadores que lleguen a su hora.
2 Dos o tres horas por semana. El jefe de contabilidad, que podría delegar la tarea al contable o a una de las secretarias.
3 Ventajas – mayor puntualidad y por consiguiente mayor productividad. Inconvenientes – aumento de las tareas administrativas, descontento entre el personal.
4 Ventajas – la posibilidad de ganar más. Inconvenientes – la posibilidad de perder dinero, no soluciona los problemas del transporte y del tráfico, no contribuye a un sentido de responsabilidad y cooperación por parte de los trabajadores – se les trata como niños.
5 –Los trabajadores tienen más libertad para escoger su horario según sus posibilidades,
   –menos absentismo.
   –los trabajadores pueden planificar su aportación a la empresa con más flexibilidad y responsabilidad, lo que aumenta la productividad.
   –evita los problemas del transporte y del tráfico a las horas punta.
   –ayuda al cumplimiento de tareas en el mismo día.
   –mejores comunicaciones entre el personal y la dirección.
6 Existe el riesgo de que la oficina quede a ciertas horas sin el personal necesario.
7 Se podría fijar el horario flexible entre las 8.00 y las 10.00 horas y entre las 17.00 y las 19.00 horas. Los trabajadores podrían fichar en cualquier momento entre estas horas. Pero hay que tener en cuenta que entre las 9.00 y las 18.00 horas tienen que funcionar la centralita y el departamento del servicio al cliente. Sería mejor además que esté algún directivo que pueda firmar, recibir pedidos urgentes etc. entre estas horas. Así que:
   –dos de las secretarias (no la del director) podrían llegar a un arreglo con respecto a la centralita.
   –en el departamento de ventas, el almacenista o el encargado del servicio post-venta podrían entre ellos garantizar el servicio al cliente.
   –si es posible, entre el jefe de ventas y el jefe de publicidad, uno de ellos debe estar siempre en la oficina durante las horas de trabajo.
8 El reloj de control sería un modo muy exacto y eficiente de calcular las horas

extraordinarias. Los trabajadores cumplirían sus ocho horas al día y las horas extraordinarias se calcularían a base del trabajo cumplido entre las 8.00 y las 18.00 horas. El reloj se apagaría a cierta hora (p. ej. a las 20.00 horas) para evitar un abuso de las horas extraordinarias.

9 En empresas que venden un servicio al cliente, tal como bancos, bufetes, dentistas, compañías aseguradoras, donde hay un sistema regular de citas o donde parte del negocio es recibir a la gente. Además, en industrias donde hayan cadenas de montaje.   ·

Caso 6: Rojas

¿Qué opina Vd.?

1 Los proyectos deben llevarse a la oficina de patentes para su inscripción en el Registro de la Propiedad Industrial. Rojas hubiera debido registrar su modelo una vez diseñado.

2 Como ya se ha dicho, es improbable que alguien haya conseguido entrar en el departamento para fotocopiar el diseño. Tampoco es concebible que Juan Pacheco, en un momento de embriaguez, haya revelado los detalles técnicos del bolígrafo. El hecho de que Macías se llevara el diseño a su casa no prueba nada. Queda la hipótesis de deslealtad que parece la más probable.

3 Perjudicaría la imagen de la empresa.

4 Se podría continuar la investigación puertas adentro, interrogando a los cuatro técnicos o confiar esta investigación a una agencia de investigación privada.

5 De estas dos posibles líneas de acción, tal vez la primera sea la mejor. La segunda sólo se debería utilizar como último recurso.

6 No tiene más remedio que despedir a Muñoz. Sin embargo, podría llevar a cabo una valoración de los puestos en el departamento de investigación, para tratar de evitar en el futuro el tipo de resentimiento que sentía Muñoz.

Caso 7: Turinsa

¿Qué opina Vd.?

1 Sería conveniente elegir tres materias comunes entre las ocho primeras ofrecidas y un idioma optativo entre los tres posibles idiomas, dividiendo el número de alumnos en tres grupos similares para esta clase de idiomas. Las materias comunes podrían ser: contabilidad general, relaciones públicas, organización de oficinas.

2 Normalmente el jefe de personal elaboraría el plan para su aprobación por la dirección de la empresa. Para la realización práctica del plan, el jefe de personal debería consultar con los representantes de los trabajadores en materias como horario, asignaturas, etc.

3 La empresa normalmente cubriría los gastos del curso ya que supone una formación profesional de sus empleados que le es muy necesaria en este

momento. La empresa suele abonar las horas perdidas cuando se trata de cursos. En ambos casos esto sería una materia a acordar entre el jefe de personal y los representantes de los trabajadores.

4 Calificación profesional (la obtenida en el curso u otras adquiridas por los trabajadores por otros medios), antigüedad en el desempeño del puesto, responsabilidad, confianza por parte de la dirección, eficiencia, identificación con la empresa. Estos criterios se aplicarán a cada caso particular sin un orden o una valoración prefijados.

5 Cada curso dura todo el año académico desde octubre hasta junio. No son cursos a dedicación plena. Se ofrecen varias posibilidades: clases (que podrían incluir clases nocturnas), cursos a distancia o una mezcla de los dos. Se ve también que los cursos se dirigen sobre todo a las empresas.

Caso 8: Marco

¿Qué opina Vd.?

1 Marconoticias, La Voz de Marco, Marconotas, Noticias Marco . . .
2 En la empresa mediana, podría ser el director o secretario general; en la gran empresa, el director de relaciones públicas pero no se puede ofrecer una pauta concreta.
3 Humor, pasatiempos, crucigramas, deportes, páginas para la mujer, etc.
4 Podría alejar suspicacias y contribuir a crear un ambiente de cooperación y de objetivos en común.
5 Podría prescindir de la idea de contratar a un periodista profesional ya que tiene él mismo una idea clara de lo que quiere. Podría también publicarla cada seis meses y prescindir de las técnicas más costosas de producción.

	1	2	3	4	5	6	7	8	9	10
1	T	I	T	U	L	A	R			V
2	R		R		O	R	O		N	I
3	I	V	A		G	R	E	D	O	S
4	M	E	J	O	R	A	R			T
5	E	S	E		O	S		A	J	O
6	S					T	A	S	A	
7	T	R	A	T	A	R			U	N
8	R	E	D		S	E	D		L	
9	A	T			C		I	R	A	N
10	L	O	G	R	O	Ñ	O		S	I

Solución del crucigrama

Caso 9: El Fénix

¿Qué opina Vd.?

1 El espacio abierto es apto para los trabajos que deben realizarse en equipo y los que se basan en la comunicación. Empresas aseguradoras, administración comercial, bancos, agencias de viaje, empresas de servicios en general.

2 Mejorando la comunicación entre los diferentes trabajos, estimulando el rendimiento de los trabajadores por la dependencia visual de cada uno respecto a los demás.

3 A partir de las relaciones funcionales de cada puesto de trabajo plasmadas en el organigrama de la empresa, se procurará diseñar la oficina abierta en orden a que cada persona esté próxima a aquellas otras con las que debe colaborar directamente. Se podrían eliminar así muchas de las comunicaciones interiores por teléfono, buscando ahorrar la comunicación oral.

4 Depende de la opinión de cada uno. En un artículo publicado en una revista española, la mayor parte de los ejecutivos entrevistados por la revista pensaban que los directores debían seguir conservando un al menos simbólico aislamiento.

5 Podría salir al paso de las objeciones instalando paneles alrededor de cada sección de la oficina.

Caso 10: Autos Super

¿Qué opina Vd.?

1 La llamarada producida por el soplete debió de alcanzar los paneles, detrás de los cuales estaban las latas de pintura. Los paneles eran muy delgados, por tratarse de madera multilaminar y además faltaba el cristal en la ventana de este lado. La alta temperatura que la llamarada produjo en torno a las latas de celulosa, que es altamente inflamable, debió de provocar la explosión.

2 —no existe un procedimiento correcto para las entregas. Las mercancías deberían almacenarse inmediatamente. El peón debería estar disponible en el momento de la entrega. Si no, hubieran debido entregar las latas en otra parte del garaje, o negarse a recibir la entrega.

  —parece que no existe tampoco un procedimiento para el trabajo del aprendiz. No debería trabajar sin supervisión.

  —el taller de soldadura y la rampa de carga deberían estar separados.

  —los cristales del taller deberían haber sido reemplazados. Este taller no era apropiado para la soldadura; el recubrimiento debería ser incombustible.

–parece que, al traslader el taller de soldadura, no se trasfirieron los avisos de seguridad, si es que los había.

–parece que no existe un procedimiento para los incendios.

–no hay extintores a mano y parece que los trabajadores no saben donde se encuentran, ya que el peón tuvo que buscar uno.

3 El capataz – es él que probablemente tiene mayor responsabilidad del accidente. La cadena de sucesos que terminó en el accidente empezó por descuido suyo, cuando mandó al camionero que descargara las latas al lado del taller de soldadura, sabiendo que en él estaban soldando paneles. Luego no cumplió inmediatamente la orden del jefe de taller. Es el capataz quien es responsable de la salud y seguridad de los trabajadores en su taller.

El jefe de taller – aunque no se le pueda echar la culpa del accidente, es responsable de la falta de procedimientos y medidas de seguridad en el taller.

4 El aprendiz – debió de saber que no podía utilizar el soplete sin supervisión. Su falta de experiencia y prudencia fue la causa inmediata de la explosión. El soldador – no hubiera debido dejar encendido el gas ni mucho menos la llama del soplete. Probablemente no había subrayado al aprendiz que no podía usar el soplete en su ausencia. Se le puede tachar de grave negligencia.

5 –realizar un programa de educación entre los trabajadores sobre el peligro de accidentes laborales en incendios. Realizar prácticas de incendios.

–establecer procedimientos para entregas, el trabajo de aprendices, etc.

–colocar extintores apropiados en cada sección.

–colocar avisos sobre peligros en cada sección del taller que estén claramente visibles.

–observar una manutención esmerada de las instalaciones – reparaciones, limpieza, etc.

–asegurar que las instalaciones, materiales, utillajes, etc. sean apropiados para los trabajos específicos.

Caso 11: Banco de Hoyos

¿Qué opina Vd.?

1 Datos relativos a: previsiones de la demanda de automóviles, consumo de carburante, matriculación de vehículos, evolución del parque automovilístico, número de clientes del Banco con coches.

2 Principalmente a tres sectores: una sección representativa de conductores, propietarios de estaciones de servicio, empresas de transporte.

3 –comodidad – no hay que llevar dinero

–utilidad – se puede comprar carburante aun cuando no se tiene dinero efectivo

–seguridad – en caso de robo o extravío
–mayor control del gasto en carburante
–rapidez en el pago

4 –seguridad – menores sumas de dinero expuestas a robo o pérdida
–rapidez en el cobro del carburante
–mayor venta de gasolina

5 Publicidad directa en la prensa, la televisión y el cine. Publicidad indirecta – anuncios, carteles, etc. Sería necesario también un símbolo de identificación que se colocaría en las estaciones de servicio que aceptasen los cheques. En la publicidad sería aconsejable demostrar o al menos explicar cómo se utilizan los cheques, ya que se trata de un nuevo servicio. Se podría mandar a los clientes del Banco folletos acerca del nuevo servicio prestado por él.

6 Se suele realizar una encuesta dos o tres meses después del lanzamiento de un nuevo producto para comprobar la eficacia de la publicidad. En este caso el sondeo debería dirigirse al público objetivo de la campaña: usuarios de automóviles y personas con cuenta corriente.

Caso 12: Doremi

¿Qué opina Vd.?

1 Al trabajar con el inventario total de un artículo, el computador puede distribuir el mismo de acuerdo con las necesidades reales. Por lo tanto, puede reducir el stock de seguridad de cada uno de los almacenes, haciendo trasvasar artículos de un almacén a otro según la demanda.

2 Considerando a cada uno de los departamentos de forma similar a los almacenes haciendo un estudio de las necesidades de comunicación e información. Podría
–reducir sus inventarios de materias primas
–controlar las entradas y salidas del personal
–controlar el número de rechazos de material de baja calidad y estudiar su coste
–hacer el balance mensual de negocio
–saber en cada momento el número de piezas que se están trabajando en cada una de las máquinas
–planificar a medio plazo e introducir con rapidez aquellas modificaciones que son difíciles de prever, como, por ejemplo, una huelga

3 Prácticamente a todos con el solo requisito de la rentabilidad por volumen del negocio.

4 Podría recoger información a través de las zonas y de los gerentes y recibir información de la competencia.

5 Los clientes tendrían mejor información en cuanto al plazo de entrega, tendrían seguridad de suministro, podrían hacer reservas y tendrían a tiempo sus facturas.

Caso 13: Herrera

¿Qué opina Vd.?

1 Carreteras asfaltadas, luz, teléfono, tiendas o centros comerciales, alcantarillado, señalizaciones, etc.
2 Actividades deportivas – gimnasio, piscinas, pistas de tenis, campo de fútbol, zona infantil, mini-golf, etc.
   Actividades culturales – sala de proyecciones, aula para clases de verano, sala de conferencias, teatro, etc.
   Actividades sociales – guardería infantil, restaurantes, bares, clubs, discoteca, etc.
3 A través de la publicidad que sería dirigida sobre todo a familias del nivel social indicado en la encuesta.
4 Se podría:
   –celebrar un acto de presentación entre la empresa y los propietarios
   –ayudar a organizar una Asociación de Propietarios
   –empezar lo más pronto posible con las primeras obras de urbanización
5 Además de construir piscinas, se podría organizar un club de playa y adquirir un microbús para llevar a los socios a la playa.
6 Se podría:
   –crear un equipo comercial
   –filmar una película proyectable en cámara portátil
   –hace publicidad en el cine, en camionetas remolques, etc.
   –montar un pabellón en Málaga y otras ciudades
   –celebrar concursos
7 Se podría:
   –crear facilidades de pago
   –ofrecer precios especiales en promociones determinadas
   –garantizar préstamos a través de una caja de ahorros
8 La empresa podría encargarse de la gestión de la propiedad y ofrecer a cambio o un 90% de las rentas conseguidas o un porcentaje fijo sobre el valor de la propiedad.

Caso 14: Moinsa

¿Qué opina Vd.?

1 Srta. Quintana:
   –ambición, deseo de adelantar su carrera (el puesto representaría un paso adelante para ella) y de ganar más.
   Doña María Rosal:
   –al parecer, su motivo se basa en el traslado de su marido a Madrid, ya que el salario que percibe ahora es más que el ofrecido por la compañía.
   Don Germán Cámara:

–la diferencia entre el salario ofrecido por la compañía y su salario actual es considerable. Su motivo podría ser que busca un puesto de mayor responsabilidad en una compañía más pequeña – su cargo actual es sólo de adjunto. Si este motivo es insuficiente para explicar su solicitud, hay que pensar en otras posibilidades – que no encaja bien con sus jefes actuales, por ejemplo, o prefiere el sector de confección que ya conoce.

2 Srta. Quintana:

–ya tiene experiencia en la confección de la moda francesa y de las ventas

–vive ya en Barcelona y conoce bien el mercado importante de Cataluña

–tiene cualidades personales muy aptas para las ventas y las relaciones públicas

–ha trabajado sólo año y medio en dirección de ventas

–no tendría coche al abandonar Christian Dior

Doña María Rosal:

–parece ser una persona seria

–tiene una buena experiencia en la confección

–por ser algo introvertida no es muy apta para las relaciones públicas

–por tener un hijo todavía joven quizás no sea disponible para viajar mucho

Don Germán Cámara:

–su desventaja más grande es que es hombre

–a diferencia de las otras, no ha trabajado siempre en el sector de confección

–su salario actual tampoco encaja bien con el de la empresa. Habría que ver hasta qué punto está preparado para aceptar una remuneración más baja

3 En principio cada uno de los candidatos es válido porque cumple con los requisitos mínimos del puesto. La elección definitiva dependería de los puntos de vista personales de los directores y de la impresión que obtengan del candidato a través de la entrevista.

Sin embargo se puede señalar que el carácter de la Srta. Quintana no encaja con el conservadurismo de dos de los directores. Por otra parte, está más de acuerdo con el carácter del director de producción y parece adaptarse mejor a este tipo de trabajo.

En cuanto a Don Germán Cámara, hasta qué punto importa el hecho de que no sea mujer depende de la actitud de los directores y el motivo que les haya llevado a pedir una mujer. Una posible causa podría ser la creencia de que una mujer puede vender mejor a otras mujeres. En este sector, gran parte de los encargados de tiendas de confección y posibles compradores en general son mujeres. Además la novedad de tener una directora de ventas podría ser un factor psicológico importante.

Con respecto a Doña María Rosal, podría pensarse que no está realmente interesada en este puesto en concreto sino que ha aceptado la primera oportunidad que ha tenido en su nuevo lugar de residencia. Puede pensarse que no es una persona propicia al cambio. Por lo demás cumple con todos los requisitos y se adapta muy bien a la personalidad de los dos directores.

4 Salud, disponibilidad, tiempo necesario para la incorporación al nuevo puesto, obligaciones familiares, la razón por cambiar de puesto, aspecto e impacto, personalidad y actitudes, intereses y aficiones, ambiciones, el salario que aceptarían, etc.

5 $1.000.000 \div 14 = 71.428,57$ ptas. cada mes

o sea

71.428,57 × 12 meses	857.144
71.428 paga extraordinaria verano	71.428
71.428 paga extraordinaria navidad	71.428
después de impuestos	1.000.000

(A menos de que se diga en el anuncio que el salario es bruto, se supone que es la cantidad neta a recibir por el trabajador.)

Caso 15: Arvay Ibérica

¿Qué opina Vd.?

1 La cifra indica dos posibles conclusiones:
  –un mercado estancado o débil para los cosméticos y la perfumería
  –el mercado está creciendo pero la empresa no está aprovechándose de la situación y pierde terreno. En todo caso, la empresa tiene que tomar medidas para mejorar su actuación. Hay tres puntos débiles:
  –los productos de limpieza y de cosméticos y perfumería necesitan dos modos distintos de comercialización
  –la pericia de la compañía se centra en los productos de limpieza. Un equipo de ventas habituado a vender sosa cáustica no acertaría a colocar cremas para la piel
  –el mercado para la perfumería y los cosméticos ha cambiado. La empresa tiene que tomar en cuenta el posicionamiento de sus productos en el nuevo mercado en el cual los productos de lujo y los jóvenes desempeñan un nuevo papel relativamente más importante.
2 Habría que lanzar nuevos productos dirigidos especialmente a las clases media y alta. Sería preciso también prestar especial atención al estrato más joven. Habría que mantener la posición en los productos a granel al mismo tiempo.
3 –crear nuevas marcas de productos más caros. No se debería emplear la misma marca que probablemente viene asociada a los productos a granel.
  –envase más pequeño, presentación esmerada, posible utilización de los envases como adorno, etc.
  –precios más caros
  –cambio total de imagen y acercamiento a la gente más joven. La publicidad debería presentar a la juventud en ambientes de lujo, refinamiento, etc. que hagan desear el consumo del producto. Los productos a granel necesitan publicidad nada más que en el punto de venta. Hay que aumentar la publicidad de los productos de lujo, concentrándose más en la televisión (hasta un 50% o más de la publicidad total) y en revistas de modas, etc.

–para los nuevos productos de lujo, debería introducirse en perfumerías especializadas.

4 Probablemente se echaron en falta los conocimientos de los directores de Delia en cuanto a producción, distribución, ventas y publicidad en la rama de los cosméticos. Además el estilo de la nueva dirección, arraigado en la comercialización de productos de limpieza, podría haber perjudicado las relaciones dentro de la empresa.

5 La empresa tiene que tratar los dos mercados – cosméticos y limpieza – separadamente. Esto significa tal vez la creación de dos compañías con dos perfiles distintos. La dirección de cada una tendría que orientarse hacia su mercado específico.

6 Asunto delicado. Tiene que persuadirles de la urgencia del problema y explicar cuales son las causas. Tiene que tranquilizar a su equipo actual para que no se sienta amenazado individualmente sino en conjunto. Hay que llegar a un acuerdo con ellos para investigar rápidamente las causas del problema y tomar medidas urgentes. Si no se dejan persuadir, la cuestión podría ser transferida a consultores.

7 Ventajas – una más rápida acción contra cambios en el mercado, especialización, mayor eficiencia e iniciativa a causa de la competencia entre las dos divisiones.

Inconvenientes – posible falta de coordinación, posible duplicación, por ejemplo en la distribución de mercancía, costes más altos.

Caso 16: Aire Fríos

¿Qué opina Vd.?

1 Tiene que ir al Ministerio de Fomento para tramitar la prórroga de la licencia por una semana, explicando los motivos de fuerza mayor, o sea, la huelga imprevista.

2 Por tratarse de un envío bajo la cláusula CIF, la responsabilidad de Layco respecto al envío se extiende hasta el momento en que Aire Fríos reciba la carta de embarque. En este caso Aire Fríos no podría exigir responsabilidades a Layco y tendría que expedir la mercancía otra vez a Miami hasta que obtuviese una nueva licencia.

3 Existe un contrato verbal entre ambas empresas pero Aire Fríos no se preocupó de formalizar esto por escrito. Al no haber ningún medio de prueba de la existencia del contrato, sería muy difícil que Aire Fríos obtenga alguna compensación por parte de Bates. Aire Fríos debió de enviar una carta a la empresa Bates pidiendo la confirmación por escrito del contrato celebrado verbalmente.

4 Aire Fríos intentaría buscar un nuevo proveedor que sea más fiable que Bates. Si no lo encontrase, tendría que seguir comprando a Bates, pero asegurándose de formalizar el contrato por escrito.

5 Es evidente que la demanda es superior a la oferta en este caso. Ha crecido

en gran medida en un corto espacio de tiempo, no dando tiempo a las dos empresas monopolistas a ampliar sus instalaciones productivas. Esto supone para Bates un exceso de pedidos que le lleva a forzar su capacidad de producción. La empresa parece ignorar el control de calidad ya que no teme la pérdida de algún cliente que podría ser reemplazado fácilmente por otro nuevo. Existe una mala organización del departamento de ventas que acepta todos los pedidos sin tener en cuenta los inventarios existentes para poder cubrirlos o no.

Caso 17: Galeano

¿Qué opina Vd.?

1 Concentración de poder por parte de D. Alberto que hasta ahora ha venido asumiendo todas las responsabilidades. Por esta causa, no se ha formado un equipo directivo capaz de relevar a D. Alberto en el momento de su falta. D. Alberto está acostumbrado a tomar decisiones personalistas, sin consultar con sus inferiores. Aunque él pone siempre su mejor voluntad en sus decisiones, no está preparado para asumir los cambios de tecnología, mentalidad de los trabajadores, etc. Sigue con su política paternalista en una nueva situación que requiere respuestas más técnicas.
2 Habría que potenciar todos los departamentos ya existentes, que pueden ser suficientes. Los jefes de cada uno de los departamentos deberán asumir todas las responsabilidades propias de sus puestos, cosa que hasta ahora no han venido haciendo. Probablemente sea necesario buscar en el exterior de la empresa algún jefe para alguno de los departamentos ya que no estamos seguros de que los actuales, acostumbrados a cumplir órdenes de D. Alberto sin asumir ellos mismos ninguna responsabilidad, puedan desempeñar estos puestos.
3 Se puede crear una sociedad anónima en la que D. Alberto aporta la empresa en funcionamiento y en la que nuevos socios pueden aportar dinero en efectivo.
4 D. Alberto podría ser el presidente del consejo de administración, que fija los objetivos y la política de la empresa a largo plazo. Personalmente podría asumir funciones de asesoramiento al nuevo director ya que su experiencia es muy aprovechable.
5 Queda claro que debería realizarse una valoración más científica de la nueva sección de producción, que es la que parece ser la causa principal de los conflictos.
6 La empresa debería constituir un comité de valoración integrado por representantes del personal y mandos de los distintos niveles de la sección. Habría que contratar a un equipo de analistas para realizar un análisis de los trabajos. Estos deberían valorarse según un sistema de 'trabajos clave'. Los factores de valoración podrían ser: habilidad, responsabilidades, esfuerzo y condiciones de trabajo.

7 Según la remuneración por grado y factor, el factor 'habilidad' fue considerado el más importante, seguido por 'esfuerzo físico'. 'Responsabilidad' y 'condiciones de trabajo' merecieron la misma retribución. De ahí se deduce que en estos trabajos clave, los dos últimos factores no fueron considerados de gran importancia. Además, la diferencia en valor monetario no es tan grande como en los factores 'habilidad' (sobre todo) y 'esfuerzo físico'.

8 Peligro de accidentes, exposición a enfermedades profesionales, temperatura, riesgos inevitables, elementos desagradables, condiciones de la tarea.

Caso 18: Iberia Construcciones

¿Qué opina Vd.?

1 El Banco ha actuado conforme a sus propios intereses económicos sin tener en cuenta una previa solución para los trabajadores. El momento actual de paro resulta muy peligroso para los trabajadores que pueden quedar en la calle. Parece también que el Banco ha entrado en el sector inmobiliario sin mucha seriedad, actuando según un interés de corto plazo.

2 Sobrepasa lo fijado en la ley; pero tampoco es probable que la ley admitiera algún despido en este caso. El Banco tendrá que ofrecer una indemnización mucho más alta para persuadir a los trabajadores que abandonen sus puestos cuando no necesitan hacerlo.

3 En algunos casos sí (por ejemplo, la secretaria y el director), pero en los otros casos la diferente actividad de una empresa y otra elimina esta posibilidad. Un delineante, por ejemplo, no podría trabajar en un banco.

4 Depende de la opinión de cada uno. Este es un caso verdadero aunque se haya cambiado los nombres. En la realidad los trabajadores rehusaron la indemnización ofrecida por el Banco. Entablaron conversaciones con una central sindical cuyos abogados aconsejaron que acudiesen a la magistratura. Se pusieron en contacto también con el comité de empresa del Banco que, a continuación, preparó una serie de panfletos para distribuir a los empleados del banco en apoyo a los de la empresa constructora.

6 El Banco, cuando los trabajadores rehusaron la primera oferta, volvió con una nueva oferta de un aumento lineal de cien mil pesetas que rechazaron asimismo. Luego, recelando una intensificación del conflicto, y viendo que el comité de empresa del Banco empezó a interesarse en el asunto, el Banco ofreció altas indemnizaciones que variaron entre seiscientas mil y un millón de pesetas por empleado según su categoría y el tiempo que llevaba en la empresa. Los empleados aceptaron estas condiciones y la empresa constructora fue cerrada.

Caso 19: Covin

¿Qué opina Vd.?

1 Los consultores ya han señalado que el mercado para el vino riojano de calidad está acaparado por las grandes marcas. Las mejores posibilidades de Covin están en los vinos comunes en donde puede ofrecer unos precios inferiores a los actuales del mercado. Recuérdase que el precio es el factor de decisión en este segmento del mercado. En los vinos con Denominación de Origen se busca más la marca que el precio económico.

2 Con los vinos más caros, sería aconsejable establecer unas delegaciones propias de distribución en cada región. El volumen de mercancías movidas es pequeño en relación a su precio alto. Sin embargo para el caso del vino común, el volumen de mercancías con el que se trabaja es grande en relación al precio que es bajo. En este caso sería mas aconsejable buscar unos distribuidores ya establecidos en cada región.

3 –promoción en el punto de venta, ya que no se trata de un vino de calidad
 –un test en una zona
 –competiciones (con premios – por ejemplo, una visita a la bodega)
 –ninguna publicidad en la prensa o T.V.

4 Perfil de la inversión en el terreno

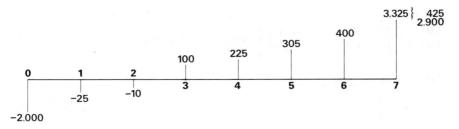

A. Con tablas financieras

Años	1 Cash Flow	2 Factor de Actualización (10%)	3 Cash Flow Actualizado (1) × (2)
1	(25)	0,909	22,73
2	(10)	0,826	8,26
3	100	0,751	75,13
4	225	0,683	153,68
5	305	0,621	189,41
6	400	0,564	225,60
7	3.325	0,513	1.705,73
			Total = 2.380,54

VAN (10%) = − 2.000 + 2.380,54 = 380,54

B. Con máquina calculadora

$$\text{VAN}(10\%) = -2.000 - \frac{25}{1+0,1} - \frac{10}{(1,1)} + \frac{100}{(1,1)} + \frac{225}{(1,1)}$$

$$+ \frac{305}{(1,1)} + \frac{400}{(1,1)} + \frac{3.325}{(1,1)} = 319,25$$

La inversión es interesante ya que VAN es mayor que O. Esto indica que hamos obtenido una tasa de rendimiento a esta inversión superior a su coste (10%).

Si llamamos Tasa de Rendimiento Interno (TRI) a la rentabilidad obtenida por la inversión, podremos comprobar que TRI es mayor que 10%.

Para comprobarlo hacemos:

$$0 = -2.000 - \frac{25}{1+\text{TRI}} - \frac{10}{(1+\text{TRI})} - \frac{10}{(1+\text{TRI})} + \frac{225}{(1+\text{TRI})}$$

$$+ \frac{305}{(1+\text{TRI})} + \frac{400}{(1+\text{TRI})} + \frac{3.325}{(1+\text{TRI})}$$

por tanteo
TRI = 12%   VAN = +61,62 $\Big\}$ TRI = 12,5 aprox.
TRI = 13%   VAN = −51,83

Representación gráfica:

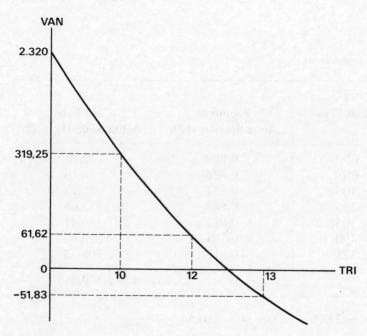

5 Flujo de tesorería (cash flow)

Años	1	2	3	4	5	6	7
Ingresos							
Venta vino	300	350	390	450	610	800	850
Total ingresos	300	350	390	450	610	800	850
Pagos							
Terreno	2.000						
Bodega y							
Almacenes	750						
Viñedos	25	10					
Compra vino	150	175	95				
Resto pagos	200	200	225	225	250	280	300
Total pagos	3.125	385	320	225	250	280	300
INGRESOS – PAGOS	2.825	35	70	225	360	520	550
INGRESOS – PAGOS Acumulado	2.825	2.860	2.790	2.565	2.205	1.685	1.135

6 Préstamo a solicitar:2.860
   Puede devolver:

años	cantidad
3	70
4	225
5	360
6	520
7	550

Debe al final del 7° año:1.135

Caso 20: Merrit-Falmer

¿Qué opina Vd.?

1 Merrit-Falmer tendrá probablemente unos modelos de diseños de stands
   para todas las ferias a las que concurre. En esta feria se mandará construir a
   una empresa en la localidad especialista en esta rama. El diseñador del
   Consejo Británico tendrá que aprobar dichos planes para que armonicen

con los stands de los otros expositores británicos. Se necesitarán tableros, paneles, mesillas de exposición para los objetos expuestos, mesas de trabajo, sillones, etc. El alumbrado podría consistir en luz fluorescente y focos que iluminen la carretilla elevadora en el estrado y los modelos y maquetas en el stand.

–Aparte de Vd., harán falta tal vez dos técnicos de la empresa y un intérprete que se podría contratar en México mismo. Este personal podría organizarse en dos equipos para que el stand esté siempre atendido.

–Se podría hacer publicidad directa en revistas comerciales y técnicas mexicanas, enviar publicidad e invitaciones personales a posibles clientes para que visiten el stand (la Embajada Británica podría proporcionar esta información), entregar notas informativas a la prensa haciendo alarde – por ejemplo del premio del 'Queens Award'.

2 Solvencia; reputación; facilidades de importación, almacenaje, distribución y servicio post-venta; extensión territorial; contactos con sus clientes, salidas; la actividad que desarrolla; tipo de comisión. Se podría informar a través de la Embajada Británica, las Cámaras de Comercio y clientes actuales de la empresa distribuidora. Información de la solvencia de la empresa podría obtenerse a través de su banco.

3 –La coinversión implica una inversión a largo plazo de la que es difícil salirse en caso de fracaso. Es la alternativa menos elástica. Hay además un riesgo inherente a la inversión en un país extranjero con posibilidad de leyes restrictivas de repatriación de divisas, cambio de porcentajes de coinversión permitida, posibles cambios políticos, etc.

–Tiene la ventaja que no se tiene que realizar ninguna inversión y que todo el trabajo lo lleva la parte mexicana. Es la alternativa más elastica de la que se puede salir en el momento en que lo desee. El problema es encontrar el fabricante adecuado que mantenga la calidad de los productos.

–Financieramente, es una situación intermedia entre ambas. Precisa una inversión inferior al caso de coinversión, con la ventaja de que dicha inversión se realiza en Inglaterra.

4 –En este caso, probablemente se escogería la fabricación bajo licencia e incluso la coinversión ya que suponemos que en México puede encontrar mano de obra y terrenos más baratos que en Inglaterra. Para producir más en Inglaterra tendría que realizar una inversión adicional en el país.

–Le interesa aprovechar la capacidad excedente que tiene en Inglaterra lo cual puede hacer a través del caso del distribuidor.

5 Se calcula el valor actualizado neto de cada una de las tres alternativas, buscando aquélla que proporcione el mayor VAN. Tan sólo vamos a tener en cuenta la parte de los dos millones invertidos en estas alternativas, ya que el resto es indiferente al tener un coste y un rendimiento del 10%.

A. La Coinversión

Años	Cash Flow	Factor de Actualización (10%)	Cash Flow Actualizado
1	150.750	0,90909	137.045,31
2	166.500	0,82645	137.603,85
3	184.500	0,75131	138.616,69
4	204.750	0,68301	139.846,29
5	225.000	0,62092	139.707,00
6	247.500	0,56447	139.706,32
7	274.500	0,51316	140.862,42
8	301.500	0,46651	140.652,76
9	333.000	0,42410	141.225,30
10	371.250	0,38554	143.131,72
			1.398.397,10
10	3.000.000	0,38554	1.156.620,00
			2.555.017,70
			−2.000.000,00
		VAN = 555.017,70	

B. Distribución

Años	Cash Flow	Factor de Actualización (10%)	C.F. × F.A.
1	20.000	0,90909	18.181,80
2	23.000	0,82664	19.012,83
3	26.200	0,75131	19.684,32
4	29.600	0,68301	20.217,10
5	31.300	0,62092	19.434,80
6	33.300	0,56447	18.796,85
7	35.500	0,51316	18.217,18
8	38.000	0,46651	17.727,38
9	40.400	0,42410	17.133,64
10	44.200	0,38554	17.040,87
			185.446,77
	1.400.000	0,38554	539.756,00
			725.202,77
			−500.000,00
		VAN = 225.203,00	

C. Fabricación bajo licencia

	1	2	3	4
Años	Ventas	8% Ventas	F.A. 10%	2 × 3
1	335.000	26.800	0,90909	24.363,61
2	370.000	29.600	0,82645	24.462,92
3	410.000	32.800	0,75131	24.642,96
4	455.000	36.400	0,68301	24.861,57
5	500.000	40.000	0,62092	24.836,80
6	550.000	44.000	0,56447	24.836,68
7	610.000	48.800	0,51316	25.042,21
8	670.000	53.600	0,46651	25.004,93
9	740.000	59.200	0,42410	25.106,72
10	825.000	66.000	0,38554	25.445,64
			VAN =	248.604,04

Desde un punto de vista financiero, la ordenación de estas alternativas sería:
1. coinversión   2. fabricación bajo licencia   3. distribución.

6 En el primer caso, los dos millones suponen el 40% del capital social tras la ampliación (son cinco millones). Esto cumple lo previsto en la legislación mexicana. Surge el problema de dominio de la empresa. Merrit-Falmer debería redactar un contrato con Comasa en el cual quedasen garantizados sus intereses.

En el segundo caso los tres millones y medio suponen el 53% sobre los seis y medio millones del nuevo capital social. Para llegar a tener esta proporción sería necesario obtener el permiso previo de la Comisión Nacional de Inversiones Extranjeras. No habría problema de dominio en este caso.